MMT
MODERN MONETARY THEORY
による令和「新」経済論
現代貨幣理論の真実

晶文社

デザイン——岩瀬聡

はじめに

昨今、俄《にわか》に注目を集めているMMT（Modern Monetary Theory：現代貨幣理論）。その主唱者の一人であるニューヨーク州立大学のステファニー・ケルトン教授の来日が実現して以来、「MMTブーム」と言われる程に大きく取り沙汰されるようになった。

しかし、新聞やテレビでは、MMTなるものは「自国通貨建ての国債＝借金なら、政府は破綻しない」、だから、「無制限な政府支出の拡大が必要だ」と主張する極端な理論だと紹介されることがしばしばだ。日本は今、多額の借金で首が回らなくなり始めていて、ただでさえ借金を抑制していかないといけないのに、トンデモない話だ――と批判されている。事実、MMTが話題になってから、ほぼ連日、「異端」だの「極端」だのと、ノーベル経済学者も含めた著名な経済学者達やエコノミスト達から批判され続けている。筆者を含めた一部の論者は、MMTを肯定する論陣を張ってはいるものの、そういう情報はむしろ一部に限られている。

むしろMMTが話題になったのは、「MMT批判」が連日繰り返されるようになってからであって、それまでは、MMTを肯定する一部の声が、インターネットや専門的な書物の中でささやかれていた程度だったのだ。

しかし、考えてみて欲しい。

本当にMMTが完全なウソ話であったとすれば、「ささやき」程度の肯定の声しかない状況で、ここまで大メディア上で連日激しく批判されるはずもなかっただろう。ほとんど誰も見向きもしなかった経済理論が、ここまで激しく「バッシング」されるのは、そこに、誰もが納得する**「真実」**があるからと考えざるを得ない。

事実、そんなメディア上のイメージは、MMTの真の姿からはかけ離れたものだ。そんな批判は全て、MMTに対する「誤解」に基づくものに過ぎないからだ。

そもそも、実際のMMTの主張は、「無制限に政府支出を拡大せよ」と叫ぶものなどではない。実際のMMTとは、財政理論という角度から言うなら、次のように定義することができるいたって抑制的な理論なのだ。

【「財政政策論」としての実践的なMMTの定義】

国債発行に基づく政府支出がインフレ率に影響するという事実を踏まえつつ、「税収」

ではなく「インフレ率」に基づいて財政支出を調整すべきだという新たな財政規律を主張する経済理論。

つまり、MMTは財政規律を破棄せよと叫ぶものなのではなく、むしろ、財政の規律を、税収制約に基づくシンプルなものから、適正なインフレ率を目指すものへと「改定」することを主張するものだったのである。

ここに、MMTが、今の日本において決定的に重要な意味を持つ基本的理由がある。日本は今、20年を超える長いデフレ＝低成長に苦しみ続けている。だから、現在の安倍内閣がその典型であるように「デフレ脱却」こそが、国民の悲願だ。そんな日本にとって、「適正なインフレ」を目指すMMTは、**「救世主」**とすら言いうるものなのだ。

本書ではこの認識の下、MMTの基本中の基本を限りなく平易に説明するとともに、一般的なMMT批判がいかなる「誤解」に基づくものであるかを一つずつ解説する。この解説を通して読者はおそらく、なぜ今の日本が20年以上にも及ぶデフレから這い上がることができないでいるのか、その根本的な理由を目の当たりにすることになるだろう。

こうした議論を通して読者は、MMTが目指している総合的な政策ビジョンとは、以下のようなものであるという「真実」をご理解いただけるものと思う。

【MMTが掲げる政策ビジョン】

あらゆる国民の賃金が一定水準以上となることを前提としつつ、財政金融政策と市場環境政策の双方を通して循環するマネー量（貨幣循環量）を安定的に少しずつ拡大させることを通して「インフレ率」を適切な水準に整え、国民の暮らしの安定化と国民経済の安定的な成長を目指す。

つまり、ＭＭＴは財政政策の重要性を強調しつつ、金融政策や貿易・移民・構造政策（すなわち、市場環境政策）を見据えた包括的な政策ビジョンを提唱するものなのである。

そして、こうした政策展開を図る上で「肝」となるのがもちろん、「現代の貨幣とは何か」という認識を基本とした経済に関する理論である。ＭＭＴの多くは既存の伝統的な経済理論に則ったものであるが、ＭＭＴにおいて特に重要となるのは、次のような諸概念である。

【MMTにおける重要な理論的概念】

信用貨幣論：貨幣は商品ではなく信頼に基づく**「貸借関係の記録」**である。

貨幣循環論：誰かの赤字は誰かの黒字である。したがって、政府の財政赤字で民間に貨幣が供給され、貨幣循環量が拡大し、インフレ率が上がる。

万年筆マネー：貨幣は、銀行等が貸借関係の記録を（万年筆で）書き込む時に**「創出」**され、返済する時に**「消滅」**する。

スペンディング・ファースト：政府支出は**税収でなく、**「万年筆マネー」によって創出される。そして納税によって貨幣は「消滅」している。

貨幣国定説：現代の貨幣の信用・価値は、国家の**「徴税権」**によって保証されている。

貨幣のピラミッド：国家の「徴税権」に保証されている現金貨幣との交換の保証が、銀行が創出する「預金貨幣」の価値を保証し、「預金貨幣」との交換の保証が「ノンバンクが作る貨幣（小切手など）」の価値を保証している。

こうした諸概念の一つひとつをご理解いただくことで、「令和日本」が今、一体如何なる経済政策を展開せねばならないのかの真実がクッキリと浮かび上がることとなろう。

本書が、デフレ不況に苦しんだ平成から、明るく発展する令和の日本を作り上げる**転換（ピボット）**を促す一助とならんことを心から祈念したい。

なお、本書は、一般的なMMT解説書と異なり、今、日本のメディア上で喧《やかま》しく論じられているMMTに対する批判を一つひとつ紹介し、それが如何《いか》に不当なものであるのかを解説するところから始めていきたいと思う。その意味で本書は、メディア上の表層的なMMT議論から出発し、徐々により深い議論へと展開することを通して、MMTについてほとんど何も知らない読者でも、容易に**「MMTの『真実』」**に到達できることを企図して書かれたものである。

是非とも、気軽なスタンスで、まずは第1章から読み進めていただきたいと思う。

MMTによる令和「新」経済論　目次

第1章 MMT 現代貨幣理論とは何か？　019

第4章　現代国家の「貨幣」とは何か？　135

第5章　MMTが示唆する、日本の処方箋

第1章

MMT—現代貨幣理論とは何か？

ＭＭＴを「異端」「トンデモ理論」と揶揄する日本のマスコミ

ＭＭＴについては最近、新聞、雑誌などで頻繁に取り上げられるようになってきてはいるが、それらの報道では次のようなトーンで紹介されるのが一般的だ。

財政赤字を容認する現代貨幣理論（ＭＭＴ）（産経新聞、２０１９年4月23日）

どうやらＭＭＴは「財政赤字を容認する」ものだということが、これでわかる。しかも、これだけの情報だと、財政赤字をどこまで拡大しても容認しているニュアンスさえ読み取れる。

しかし、今まで日本ではさんざん「財政赤字はダメなものだ！」「財政赤字を減らさなければ、日本は大変なことになる！」と言われ続けてきた。したがって、「財政赤字を容認する」という言葉を聞くだけで、何やら極端で異端な理論だと思えてくる。

実際、日本経済新聞や朝日新聞は、ＭＭＴを「異端」として紹介している。

「財政赤字は問題ない」とする異端の経済政策論（日本経済新聞、２０１９年３月15日）

「異端」の経済理論（朝日新聞、２０１９年４月５日）

ＭＭＴはキワモノだというイメージは、次のような報道からも伝えられている。

麻生太郎財務相も（…）ＭＭＴに対しては、グリーンスパン元米連邦準備理事会（ＦＲＢ）議長やサマーズ元米財務長官が否定的な見解を示していると指摘した。また、財政規律を緩める危険性もあり「日本をＭＭＴの実験場にする気はない」と述べた。（ロイター、２０１９年４月４日）

中には、異端を飛び越し、「トンデモ理論」と紹介する報道もある。

財政赤字なんか膨らんでもへっちゃらで、中央銀行に紙幣を刷らせれば財源はいくらでもある、というかなりの「トンデモ理論」である。（朝日新聞、２０１９年４月26日）

ここまでくれば、異端でトンデモなMMTなるものが、なぜ今日本で話題になっているのかと訝《いぶか》しがる読者も増えてくる。

いくつかの新聞社は、そうした疑問に次のような形で答えてくれている。

米国で注目される「異端」の経済理論（朝日新聞、2019年4月5日）

米国で論争になっている財政赤字の拡大を容認する「現代貨幣理論（MMT）」（日本経済新聞、2019年4月18日）

つまり、MMTは異端でトンデモだが、どうやらアメリカで話題になっているらしい――というわけだ。「自由の国アメリカ」には、訳の分からない意見も含めていろんな意見があるのだから、まぁ、MMTという変な理論が人気を集めることもあるのだろう、という話になっているわけだ。

実際、MMTが大きく話題になったのは、アメリカの下院議員選挙で、最年少議員として当選した20代のアレキサンドリア・オカシオ＝コルテスが、MMTの重要性を主張し、政府による積極的な財政拡大を通してアメリカ経済を活性化していくことが必要だ、財政赤字を気にしてそれをしなければアメリカ経済は疲弊してしまうではないか、と主張したことがきっかけだった。オカシオ＝コルテス議員は今、ツイッターで300万人のフォロワーを抱え、彼女の動画再生回数は4000万を超え、オンラインメディア、ナウ・ジスの動画で過去最高を記録するほどの、「フィーバー」状態となっている。アメリカのブルームバーグ紙はそうした様子を**「オカシオ＝コルテス米議員にメディアは夢中、波及効果トランプ氏並み」**（ブルームバーグ、2019年3月26日）と報じている。ここまで大きな話題になった彼女が口にしたのが、日本の報道関係者が今まで耳にしたこともなかったMMTだったから、日本でも俄に話題になったという次第だ。

すなわちMMTは今、財政赤字を無制限に垂れ流すことを奨励する、主流派のマトモな経済学者はみな否定する異端で不道徳なトンデモ理論——たまたま今、アメリカで話題になっているだけの流行り物に過ぎない——というイメージで世間に喧伝されているのである。

実際は、至って「マイルド」、というのが真実

ただし、以上の報道とは少々趣の異なる記事も見られる。例えば次のようなものだ。

「インフレにならない限りは財政赤字をどれだけ膨らませても問題ない」とする「現代貨幣理論（MMT）」（日本経済新聞、2019年4月13日）

インフレにならない限り、財政赤字を気にしなくてよい――。異端の「現代金融理論」（朝日新聞、2019年4月17日）

これらの記述は、確かにMMTは財政赤字の拡大を許容する「異端」の理論であるという点はこれまでの記述と共通してはいるものの、どうやらMMTはその拡大を「無制限」に許容するものではない、という点に言及している。しかも、過剰なインフレを回避すべきだというポイントも明らかだ。こう言われれば、「財政赤字なんか膨らんでもへっちゃらで、中

央銀行に紙幣を刷らせれば財源はいくらでもある、というかなりのトンデモ理論」とは、全然異なる随分と「マイルド」な印象だ。

なぜこの二つの記事だけが、こうした「マイルド」なものとして紹介しているのかと言えば、両記事ともアメリカのMMTの代表的論者であるステファニー・ケルトン教授のインタビュー記事の見出しだったからだ。

それまでの記事はいずれも、MMTについて詳しい情報もないまま、記者達がどこかで「聞きかじった」程度の知識でMMTについて紹介していたために、MMTについての正確な説明ができなかったのである。一方で、上記の二つの記事は、ケルトン教授の生の声を聞いた上で書いたものであることから、より「正確」な説明が可能となったわけである。

MMTは、「異端のトンデモ理論」からほど遠い、極めてオーソドックスな理論である

以上が、MMTについての現時点での一般的なメディアにおける取り扱いだ。本書を手に

した読者の中にも、以上に述べた程度の情報しか目にしたことがない、という方も多かろうと思う。

しかし、MMTは決して、最近急に言われ始めた新しい経済理論ではない。既に20世紀後半には、経済学の世界において体系化されていた理論であり、実に多様な学術的な流れを統合した、極めてオーソドックスな経済理論の一つだ。

その源流は19世紀後半から20世紀初頭に活躍したドイツ歴史学派の学者G・F・クナップが展開した貨幣論にある。そして、経済学全体に巨大な影響を及ぼしたJ・A・シュンペーターやJ・M・ケインズ等の経済理論やA・ラーナーが提唱した財政論に影響を受けつつ経済政策論を展開した（ポストケインズ主義の代表的論客であった）H・ミンスキーの薫陶を受けたL・R・レイらによって体系化されたものだ。実際レイは、彼の著書『MMT現代貨幣理論入門』の中で、MMTを**「巨人たちの偉業の上に成り立っている」**ものと的確に表現している。

だからそれは、MMTについて聞きかじった程度の知識しかない日本の記者達が「トンデモ理論」だの「異端」だのと批判できるようなレベルの代物ではない、正統な経済理論なのである。したがって、その中身を知れば知るほどに、誰もが納得してしまわざるを得ない、極めて理性的な理論なのである。

それでは以下、MMTの中身について、できるだけ分かりやすく解説することとしよう。

政府は、オカネを作り出せる

まずは、「実践的」「政策的」な視点から、MMTを解説することとしたい。そして、その実践的・政策的な側面を解説した上で、改めて後の章にて、MMTの「理論的」な体系について解説することとしたい。

既に「はじめに」でも示したが、MMTの「財政政策論」の側面からの定義を改めて以下に記載したいと思う。

【「財政政策論」としてのMMTの定義】

> **国債発行に基づく政府支出がインフレ率に影響するという事実を踏まえつつ、「税収」ではなく「インフレ率」に基づいて財政支出を調整すべきだという新たな財政規律を主張する経済理論。**

ただし、MMTが提唱するこうした経済政策の正当性を理解するためには、まず、**現代社会における「紙幣」とは（中央政府と中央銀行とで構成される）「国家」が作り出すものである、**という「事実」を認識しておく必要がある。ついては、このオカネを巡る「事実」について解説したいと思う。

実際、私達が普段使っている千円札や一万円札には「日本銀行券」と書かれている。つまりそれは、「日本銀行」という日本の中央銀行が作り出したものだ。そして、その日本銀行の株主は、55%が日本国政府であり、日本政府の**事実上の「子会社」**である。もちろん、日本銀行には経営の自主性が認められているが、日本銀行法第四条に「日本銀行は、その行う通貨及び金融の調節が経済政策の一環をなすものであることを踏まえ、それが政府の経済政策の基本方針と整合的なものとなるよう、常に政府と連絡を密にし、十分な意思疎通を図らなければならない。」とも明記されており、政府から完全に独立な振る舞いをすることは法律的にも禁じられている。

だから、政府というものを中央銀行と一体的なものとして捉えるのなら、政府は貨幣を作り出すことができるのである。

政府が「破綻」するとは考えられない。それは、誰も否定できない「事実」である

政府は貨幣を作り出すことができる――このシンプルな一点を認めてしまえば、様々な経済財政政策についての「帰結」が、普段素朴に信じているものとは全く違うものとなっていく。

その代表的な帰結が、**「政府は、自国通貨建ての国債で破綻することは、事実上あり得ない」**というものだ。

それはつまり日本で言うなら、「日本政府が、日本円の国債で破綻してしまうということはあり得ない」、言い換えるなら、「日本政府が日本円の借金が返せなくなってしまうことはあり得ない」というもの。

なぜならそもそも、日本円を作っているのは日本政府なのだから、自分で「作ることのできる日本円」を「返せなくなる」なんてことはあり得ない。どれだけ借金をしていても、返済を求められた時に自分で作って返せばそれで事足りるからだ。

しかし、多くの国民は、この帰結を耳にするだけで、「何と滅茶苦茶な話だ！」と感ずる

のではないかと思う。

そもそもテレビや新聞や雑誌、さらに最近では学校の教科書ですら、「日本の借金は一千兆円を超えるほど、膨大に膨らんでしまっている。このままでは、日本が破綻して、大変なことになってしまう！」という話が、連日繰り返されている。多くの国民が、そんな話を鵜呑みにして、政府の借金を返さなきゃエライことになる——と信じてしまうのも当たり前だと言えよう。

しかも、「借金で日本が破綻する」という最悪の事態を避けるための**「緊縮」**的な対策が、政府の「財務省」を中心に長年展開され、消費税が2014年に8%にまで増税され、19年10月には10%にまでさらに増税された。

消費増税を巡っては、未だに多くの国民が反対しているわけだが、それを押し切ってまでこれまで何度も増税が繰り返されてきたのは偏《ひとえ》に、「このままなら、借金で日本が破綻する」と危惧する声が強烈にあったからだ。

それにもかかわらず——「日本政府が日本円の借金で破綻することはない」と主張しているのだから、そんなMMTに対して多くの国民は面食らってしまうことだろう。「だったら、これまで嫌々消費増税を辛抱してきた俺たちは一体何だったんだ⁉」となるからだ。

しかし日本政府が、日本円の借金で破綻することはない、というのは、水が高きから低きに流れるほどに当たり前の**「事実」**なのだ。

実際、消費増税を推し進めてきた、あの財務省ですら、次のように明記する公式文書を、発行している（図1参照）。

「日・米など先進国の自国通貨建て国債のデフォルトは考えられない」

ここにある「デフォルト」とは、債務不履行を意味する言葉であり、要するに「破綻する」ということである。つまり、日本政府が日本円の借金で破綻することなどあり得ないという話は、何もMMTを持ち出さずとも、日本政府の財政を司る財務省自身が認める「事実」なのである。

外国格付け会社宛意見書要旨

[英文]

1. 貴社による日本国債の格付けについては、当方としては日本経済の強固なファンダメンタルズを考えると既に低過ぎ、更なる格下げは根拠を欠くと考えている。貴社の格付け判定は、従来より定性的な説明が大宗である一方、客観的な基準を欠き、これは、格付けの信頼性にも関わる大きな問題と考えている。
従って、以下の諸点に関し、貴社の考え方を具体的・定量的に明らかにされたい。

(1) 日・米など先進国の自国通貨建て国債のデフォルトは考えられない。デフォルトとして如何なる事態を想定しているのか。

(2) 格付けは財政状態のみならず、広い経済全体の文脈、特に経済のファンダメンタルズを考慮し、総合的に判断されるべきである。
例えば、以下の要素をどのように評価しているのか。
・マクロ的に見れば、日本は世界最大の貯蓄超過国
・その結果、国債はほとんど国内で極めて低金利で安定的に消化されている
・日本は世界最大の経常黒字国、債権国であり、外貨準備も世界最高

(3) 各国間の格付けの整合性に疑問。次のような例はどのように説明されるのか。
・一人当たりのGDPが日本の1/3でかつ大きな経常赤字国でも、日本より格付けが高い国がある。
・1976年のポンド危機とIMF借入れの僅か2年後(1978年)に発行された英国の外債や双子の赤字の持続性が疑問視された1980年代半ばの米国債はAAA格を維持した。
・日本国債がシングルAに格下げされれば、日本より経済のファンダメンタルズではるかに格差のある新興市場国と同格付けとなる。

2. 以上の疑問の提示は、日本政府が改革について真剣ではないということでは全くない。政府は実際、財政構造改革をはじめとする各般の構造改革を真摯に遂行している。同時に、格付けについて、市場はより客観性・透明性の高い方法論や基準を必要としている。

https://www.mof.go.jp/about_mof/other/other/rating/p140430.htm

※ この文書は、日本国債にはデフォルト（＝債務不履行＝破綻）のリスクがあると再三主張していた外国の格付け会社３社（Moody's、S&P、Fitch）に、財務省が平成14年4月30日に発出したものである。なお、下線は、筆者が加筆。

図1　財務省のホームページに掲載されている「外国格付け会社宛意見書要旨」

日本の現実を精査すれば、日本政府の破綻があり得ないことが見えてくる

ただし、「人からカネを借りておいて、それを返す時に自分で作って返すなんて、不道徳極まりないじゃないか！」と感ずる国民は、やはり多いのではないかと思う。だから、「オカネを作っているのは、理論上は政府かもしれないが、そんなこと、実務的に無理じゃないか？」と、狐に摘まれたように感じている方も多かろうと思う。

しかし、実務的に、それはあり得ることなのだ。

第一に、少なくとも「帳尻」の上では、政府の借金返済（国債の償還）はこれまで常に、税金、ないしは、国債の発行（つまり借り換え）でまかなう、という体裁が守られてきている（ただし、実際上は、徴税で貨幣は消滅しているので、事実上、全ての政府支出は、中央銀行も含めた政府が作り出していると言うこともできるが、それについては後ほど詳しく論じよう）。つまり、一般の人々が、心理的な抵抗感を持つような「カネを返す時に、カネを自分で作って返す」ということは、形式上ない恰好で運用されているのだ。だから、「日本政府が日本円の借金で破綻する

ことはない」というのは、あくまでも、「いざとなれば」帳尻あわせを度外視して自分でオカネを作って返すことが実務的に可能だという話に過ぎないのだ。

第二に、日本銀行は、普段の業務の中で、マーケットに出回っている「国債」を売り買いしている。もしも、政府に対してカネを貸す人（銀行等）が減り、国債の価格が不安定化してくれれば、その安定化を目指して、マーケットで売られている国債を買っていく、という対策を図ることができる。そうすれば（あるいは、「そうする」と公言する＝コミットするだけでも）、国債の価格が安定化し、政府に対してカネを貸す人がいなくなっていく、という事態を回避することができる。

第三に、そうした取り組みにもかかわらず、万万が一、政府に誰も貸してくれなくなったという特殊なケースが、（例えば、とんでもない天変地異等によって）生じた場合においても、政府が破綻することになるとは考え難い。なぜなら、どんな最悪のケースでも、日本銀行が**「最後の貸し手」**（Lender of last resort）として、政府にオカネを貸してくれるからである。

そもそも、この「最後の貸し手」という機能は日本銀行においては法律でしっかりと定められた公式の機能であり、しかも、それは先進諸国の中央銀行ならばどこの国にもある当たり前の機能だ。

日本銀行が発動するものは法的には**「日銀特融」**と呼ばれており、金融機関が危機に陥った時に、経済の大混乱を回避するために、日本銀行が「特」別に「融」資する(カネを貸す)という仕組みだ。実際、戦後においても証券不況やバブル崩壊などで何度か発動されてきた。もちろん日銀特融の対象は特定の機関だけであり、必ずしも全ての機関が対象となるわけではない。あくまでも、その機関が「破綻」すると経済的混乱が深刻化してしまう場合に限って発動される特別措置だ。

そうである以上、「政府の破綻」が、本当に大変な混乱を巻き起こすとするなら、この「日銀特融」が発動されないということなどあり得ない。

そもそも、日本銀行法の第三十八条には「内閣総理大臣及び財務大臣の要請があったときは(…)当該要請に応じて特別の条件による資金の貸付け(等の)(…)業務を行うことができる」と明記されてもいる。

もちろん、この書き方なら日銀が、総理大臣や財務大臣の要請を「拒否」することも「可能」ではあるが、これまで木津信用組合、兵庫銀行、北海道拓殖銀行などの、ローカルな金融機関の危機の時にすら発動されてきた日銀特融が、日本政府の財政破綻という未曽有の危機の時に、総理大臣や財務大臣の要請があってもなお発動されないことは、現実的にあり得ないわけだ。

万一それがあるとすれば、「ジェット機の飛行中に逆噴射をしてしまうようなトンデモない「パイロット」と同じような、著しく資質を欠いた人物が日本銀行の総裁に就任している場合に限られよう。そしてもちろん、そうならないよう、日銀総裁人事は、国会における最重要案件の一つになっている。

こう考えてみれば、今の日本の法制度や現実をしっかりと見据えると、日本政府が破綻することなど、事実上あり得ないとしか言いようがないのである。

政府は今、政府支出を「税収」以下に抑え、国債発行をゼロにしようとしている

かくして「日本政府は日本円の借金で破綻することはない」という話は、MMT論者が主張しているだけでなく、現状の日本の制度を精査しても明らかな、財務省すらもが認めている、否定しようのない**「事実」**なのである。

そうである以上、普通に考えれば、日本政府は必要に応じて借金をして（＝国債を発行して）、税収よりもより多くのお金を使っても構わないのではないか、という話になるだろう。

しかし繰り返すが、現実にはそうなっていない。

借金の拡大を恐れ、消費増税を繰り返し、政府支出の拡大を可能な限り抑制しようと政府は躍起になっている。例えば、現在の政府は、2025年に、（行政政策のための）「借金」をゼロにするという目標をたて、その基準に基づいて政府支出を抑制する方針を閣議決定している。19年10月の消費増税も、その方針を達成するための一つの手段として決定されたものなのだ。

なぜ、こんなことになっているのか？

その理由は、以下の文章に端的に表れている。

いま日本では、1年間で集まる税金が約50兆円あります。これだけあれば何でもできるだろうと思うよね。ところが、国が使うお金は1年間で約97兆円。つまり47兆円も足りない、ということです。税金を倍にしたら足りるかもしれないけど、みんな大反対するに決まっているよね。そこで日本は､足りないぶんを借金してまかなっています。（…）日本は毎年のようにお金を借りて、いまでは全部で1000兆円までふくらんでいます。こんなにたくさんの借金をしている国は世界で日本だけ。だから「日本はこのままでは借金を返せなくなり、つぶれてしまいますよ」と心配している人もいます。

これは、池上彰氏の**『池上彰のはじめてのお金の教科書』**という子供向けの絵本の一節だ。彼はつまり、「日本は今、借金を毎年重ね、1000兆円という途轍《とてつ》もない世界一の水準に達してしまった、だから『このままでは借金を返せなくなり、つぶれてしまいますよ』と**心配している人がいる**」と言っているわけだ。

これこそ今、政府が、2025年には借金をゼロにするという目標をたて、消費増税を繰り返し、毎年の予算を可能な限り抑制しようとしている原因だ。

「破綻するかもしれないと心配する人がいるから」――ただそれだけが、原因なのだ。

しかしこれは、不条理極まりない話だ。

理論的にも実務的にも、そして何より財務省自体が日本政府の破綻など考えられないと公式文書で明言していながら、ただ単に、心配している人がいるからという「だけ」の理由で、消費増税と支出抑制の「緊縮」財政が毎年繰り返されているわけだ。そしてその結果として、貧困対策も医療対策も防災対策も教育投資もインフラ投資も研究開発投資も全てがおざなりにされ続けている。

いわば日本政府は今、**不安神経症**にでもかかったように、ありもしないリスクを勝手に妄想し、自ら作り出したその妄想故に不必要な「自傷行為」を繰り返し続けているのだ。愚かとしかいいようがない。

それ故、MMTはこの「不条理」に対して、次のように主張する。

【MMTの主張1】

政府は、自国通貨建ての借金で破綻することなど考えられないのだから、借金したくないという思いに囚われて、政府支出を抑制するのはナンセンスである。だから政府の支出は、借金をどの程度以下に抑えるかということを〝基準〟にしてはならない。何か別の、国民の幸福に資する〝基準〟が必要である。

この主張こそ、MMTの根幹なのだ。

そもそも、「緊縮病」とも言える、借金と財政破綻に過剰におびえる不安神経症を患っているのは何も日本だけではなく、アメリカやヨーロッパなどのあらかたの「欧米先進諸外国」も同様だ。そして、この緊縮病は、それぞれの国で多かれ少なかれ経済停滞を導いてしまっている。

借金を恐れて政府支出を削り、消費増税を行えば経済は低迷し、かえって税収が減る。そうなればさらに借金が膨らんでしまうから、政府はさらに激しい緊縮に走り、その結果さらに経済は低迷する――こうした**悪夢のスパイラル**に、日米欧の先進諸国は軒並み苛《さいな》まれたわけだ。

その中でも最も激しく衰弱してしまったのが我が国日本だ。

何といっても2015年までの20年間で日本のGDP（国内総生産）は、ドル建て換算で実に20％も縮小してしまったのだ。このマイナス20％という成長率は、断トツの世界最下位である。なおかつ、日本が**唯一**のマイナス成長国家なのである。

ちなみに、欧州の中で最も激しく緊縮財政を進めたのがドイツだったが、ドイツは世界の中で日本に次いで二番目に低い成長率にとどまった。

一方で、そんな緊縮病という不安神経症を全く患っていないが故に、ここ20年ほど、超絶なるスピードで経済成長を果たした国がある。

中国だ。

彼らは、リーマンショックなどの不況になれば、借金が増えることなどお構いなしに、50兆円を上回る凄まじい財政出動を果たし、たちどころにショックから立ち直った。そのおかげで凄まじく経済は成長し、税収も拡大、今度はその資金を使ってユーラシア全土でインフラ投資を展開する「一帯一路構想」をぶち上げ、政府支出を拡大し続けている。そしてその結果、税収も格段に上昇させ、中央政府においては財政赤字の問題など何もなかったように成長し続けている。

さらに言えば、奇跡の復興を遂げた戦後日本もまた、そんな緊縮病を患わずに、積極的な政府支出の拡大を果たし続けた。例えば、戦後すぐには、世界銀行から大量の借金を行い、東名高速道路をはじめとした大型インフラ投資を繰り返した。その結果、我が国は奇跡の高度成長を遂げ、世界第二位の経済大国にまでのし上がったのだ。

ＭＭＴは、過剰な緊縮は、国家の衰退と、国民の貧困化を導くという**「現実」**を見据え、借金を減らすことばかりを考えるという「財政規律」から自由にならねば、それぞれの国家の明るい未来は開かれ得ないのだと主張するのである。

政府の赤字は、民間への資金供給量そのものである

ではなぜ、緊縮病を患うと経済は低迷する一方、中国やかつての日本のように、積極的な財政を展開すると成長するのか——それについてMMTは客観的事実を踏まえつつ、次のように説明する。

まず、（外国とのやりとりを簡略化のために一旦除外して考えると）私たち「民間」の合計所得は、定義上、次のようになっている。

民間の黒字　＝　政府の赤字

これは、理論的な想定ではなく、あくまでも「定義上の事実」だ。

例えば、AさんがBさんに一万円を渡すと、Aさんの支出は一万円、Bさんの収入は一万円だ。だから、**誰かの支出は誰かの所得**なのであり、これは理論でも何でもない事実なのだ。

今、「民間」と「政府」がいるとすれば、民間が「黒字」になれば、政府は「赤字」になる（無論、逆も然り）。そしてその水準はもちろんどちらも同じ。

ここで、「民間が黒字になる」ということは、民間の市場に、外部から資金が注入されることを意味する。だから、**「政府の赤字」は、「民間市場への外部からの資金注入量」**そのものとなる。

MMTは、こうした貨幣循環の「事実」に着目する。その上で、**政府の財政赤字を、民間市場への資金注入量の拡大を意味するものとして、「肯定的」に捉える**のである。

ここにMMTの重要な特徴がある。今、世間では、政府の財政赤字の拡大は、もうそれだけで「悪いこと」だと見なす風潮が強い。だが、見方を変えて民間の市場の側から見てみれば、それは、「良いこと」なのである。

いわば、一般的な風潮は、「政府の財布」を重視する視点を持ち、財政赤字を悪しきものと見なすのだが、MMTは民間の豊かさを重視するという視点を持っているわけだ。

先に紹介したようにMMTは、様々な批判にさらされることが多いわけだが、その本質的な原因は、世間一般に流布されたモノの見方とは「正反対」の見方をしているからなのである。

「政府赤字」の拡大が、経済成長をもたらす

ただし、このMMTにおける「発想の転換」は、経済政策において、極めて重大な意味を持っている。

なぜなら、政府の赤字が拡大し、民間市場への資金注入が拡大すれば、民間市場は自ずと活性化するからである。

図2をご覧いただきたい。これは、好況期と不況期のオカネの流れのイメージだ。

まず、経済というものは、AさんがBさんのモノを買ってA→Bにオカネが流れる、今度はそのBさんがCさんのモノを買ってB→Cにオカネが流れる……ということを繰り返して、オカネが循環していく様を言うものだ。まさに「金は天下の回りモノ」なのだ（無論、実際の経済はこのように「一つの輪っか」になっているのではなく、複雑に絡み合ったネットワーク上でオカネが循環している。この図はあくまでもイメージ図だ）。

そしてGDPというのは、この循環の中で「一年間」でどれだけのオカネが流れたのかを

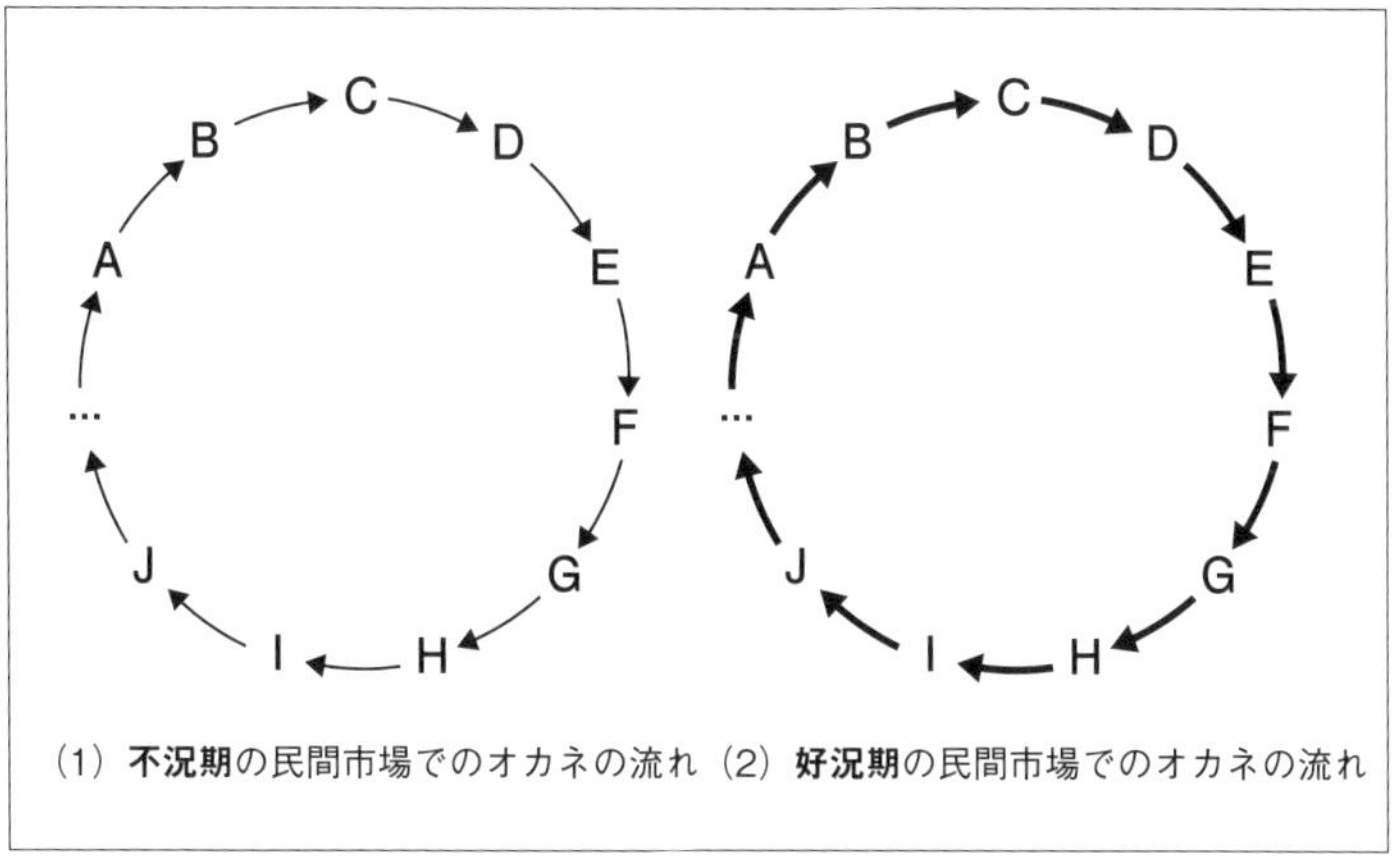

図2—不況期と好況期のオカネの流れ

一年分積み上げたもの。だからGDPの拡大という経済成長は、こうして循環していく「オカネの総量の拡大」を言うわけだ。

そして、この図2で言うなら、左側の（1）のように、少しのオカネしか回っていない時には、「不況」と呼ばれる状況となるが、右側の（2）のようにより多くのオカネが回り始めれば「好況」となる。

不況期には、各々《おのおの》に入ってくるオカネ（つまり所得）が少ないから、必然的に使うオカネ（つまり消費・投資等の出費）も少なくなる。そうやって出ていくオカネが少なければ、別の人の所得も必然的に少なくなる。一方で、好況期にはそれとは逆に、入ってくるオカネが多いからより一層多くオカネを使い、人々の所得も多くなる、ということになるわけだ。

つまり、**好況と不況の違いは、循環しているオカネの総量が多いか少ないかの違い**なのだ。

なお、「循環しているオカネの総量」とはしばしば**「貨幣循環量」**と言われる。

だから、左側の「不況」の状況から、右側の「好況」の状況に変化させていく（つまり、**経済成長**を導く）ためには、この民間市場に、**外部からオカネを注入すれば良い**のである。

もちろん、この「市場」に資金を供給する人は誰だっていい。ただし、経済の定義上、日本経済には民間以外には、「政府」と「外国人」の二つしかない（というより、政府と外国人以外は全て民間と定義されている）。外国人がカネを日本で使うかどうかを決めるのは、外国人であり、日本人が決めることはできない。しかし日本の政府の振る舞いは、日本人が決めることができる。

だから、日本経済が図2の（1）のように不況であっても、政府の財政赤字を拡大するという政治判断を下せば、いつでも（2）のような好況の状態に経済を成長させることができるのである。

そして、「MMTの主張1」で記述した通り、MMTは政府の財政赤字の水準を国民の幸福に配慮して決定すべきであると考える。言うまでもなく、不況は国民の幸福を妨げるものである。なぜなら、不況状況下では、国民の失業は増え、所得が下落してしまうことになるからだ。

かくして、MMTは、次のように主張する（以下の主張は、追って金融政策を加味したものに修正するので、暫定的に,2と記載する）。

【MMTの主張,2】

経済が停滞しており成長が必要とされている場合、政府は財政赤字を拡大することを通して、その目的を達成することができる。逆に言うなら、政府支出（あるいは財政赤字）の〝下限基準〟は、経済が停滞してしまう程度の政府支出量である。

一般的な財政規律は、「カネを使いすぎてはいけない、借金を増やしすぎてはいけない、だから、使って良いカネは、かくかくしかじかまでだ」と「上限基準」だけを主張する。一方でMMTは、「政府が使うカネの量が**少なすぎる**と、経済が低迷し、国民に不利益が生じてしまう」という「事実」を見据えながら、**〝下限基準〟**があると考えている。ここに、MMTの一つの大きな特徴がある。

政府支出（財政赤字）は、過剰インフレにならないようにするのが〝上限基準〟である

以上のMMTの主張1、1'、2をしっかりと理解すれば、「政府は破綻もしないし（主張1）、借金を増やせば景気が良くなるんだったら（主張2'）、政府は税金なんてもう取らずに、全て国債発行だけで行政を行うようにすればいいのではないか？」と考える読者も出てくるのではないかと思う。

まさにその通り。

確かにMMTの主張が上記の二つだけなら、そういう結論になろう。

しかし、現実には、そんなことをしてしまえば、経済が大きく混乱するのは当然だ。だからMMTを批判する論者の中には、これを理由にしている者も多い。

実際、政府が無制限に赤字を拡大し、オカネを無制限に民間市場に供給し続ければ、循環するオカネ（貨幣循環量）が増えすぎてモノの値段が高くなりすぎてしまう。

つまり、**「過剰インフレ」**になるのだ。

そもそも、モノの値段、つまり「物価」というものは、市場に流通しているオカネの総量を、市場内にあるモノの数量で割ったものだ。つまり、モノ一つあたりのオカネの量が物価なわけで、モノの数が一定なのに循環するオカネの量が無制限に増えてしまえば、物価は無制限に上昇する。

この話を「需要」と「供給」という経済学における一般的な言葉を使えば、次のように言い換えることができる。

まず、モノの量は、その国の経済が持っている「供給」能力に依存している。一方で、人々がより多くのオカネを持っていれば、様々なものが買えるようになり、「需要」が拡大する。すなわち、政府の赤字の拡大は「需要」を拡大させる。

だから日本政府の赤字が拡大しすぎれば、日本経済が持っている供給能力を「需要」が大きく上回ることになる。そうなれば、必然的にモノの値段、物価が高騰し、「過剰なインフレ」になってしまうのである（なお、需要が供給を大きく下回ってしまえば、モノが全然売れなくなって、物価が下落する。つまり、デフレになってしまうわけだ）。

過剰なインフレは、国民を大いに苦しめる。給料の上昇が物価の上昇に追い付かなくなってしまうからだ。

MMTは、「主張1」で主張している通り、「国民の幸福」を基準として政府支出、あるいは財政赤字＝民間への資金供給量を決定しようとする理論である。だからもちろん、過剰インフレになるほどの政府支出、あるいは財政赤字＝民間への資金供給量の拡大は回避すべきであると考える。

かくして、ＭＭＴは次のように主張することとなる（以下の主張は、追って金融政策を加味したものに修正するので、暫定的に,3と記載する）。

【ＭＭＴの主張,3】

政府支出（あるいは財政赤字）を、その国の供給量を超えて拡大し続ければ、過剰なインフレになる。したがって、政府支出（あるいは財政赤字）の〝上限基準〟は、過剰インフレになってしまう程度の政府支出量である。

今の日本がその典型だが、一般的な財政規律は、「税金の水準」を基準として、政府支出の上限基準が設けられている。つまり、毎年の借金をゼロにする（あるいは、借金の水準をかくかくしかじか以下にする）と議論されるのが一般的だ。

しかし、MMTの場合は、「主張1」でも論じたように、借金は借金でも、「政府」の場合はそれをゼロにすることそれ自身に積極的な意味など何もない、が、政府の借金が（供給量を超えて）増えすぎて過剰インフレになれば国民が苦しむことになる、という「事実」に着目する。

つまり、**MMTは財政規律を撤廃せよと叫ぶ不条理な理論なのではなく、「事実」に即してより国民の幸福に繋がる財政規律に改善し、転換せよと叫ぶ理論**なのである。

インフレ率に基づく財政規律：インフレ率が2〜4%程度に収まるように財政収支を調整すべきである

このようにMMTは、政府支出は不況になってしまう程度「以上」でなければならないが、過剰インフレになってしまう程度「以下」であるべきだ、と考える。これがMMTの〝財政規律〟なわけだが、具体的には一体何を基準とすればいいのか。

この点について、上限については、〝過剰インフレ〟を回避するのだから、もちろんインフレ率（物価上昇率）が基本的な基準だ。

例えば日本では１９７０年代には20％を超えるインフレ率を経験した。世に言う狂乱物価、というものだ。その後、低い水準に低下していくものの80年頃には再び10％程度にまで上昇。ただしその後は、さらにインフレ率は下落していき、90年頃のバブル崩壊までは０〜４％の間を、それ以後は、−1〜＋1％程度の間を推移する展開となっている。

一方、アメリカにおいても同様に、70年代から80年代初頭にかけてインフレ率が10％を超える水準に至っていた。その後は、２００８年のリーマンショックまでは３〜５％程度を推移していた一方、リーマンショック以後はさらに下落してしまい０〜３％程度を推移するようになっている。

こうした日米の経緯の中で、高インフレに苦しめられたのはいずれも70年代から80年代初頭にかけての期間で、10％、さらには20％を超える物価高で国民生活は苦しめられていた。しかし90年前後以後は、インフレ率は高くてもせいぜい4、５％程度に抑え込まれており、高インフレで苦しめられたとは言い難い状況が続いている。

だからこうした過去の経緯を考えれば、インフレ率の上限として想定されるのは、４〜５％前後と考えることもできよう。

つまり、政府支出、あるいは国債発行額は、インフレ率が（少し安全側に低めに見積るとすれば）

4％程度までには拡大しても構わない、と考えることができるわけだ。

この「上限」と対をなす「下限」の議論についてはいくつかの考え方がある。

一つの考え方は、「完全雇用」である。

アメリカのMMT論者の中には、失業者がゼロになる、つまり、一定賃金以上での「完全雇用」が実現できるまで、政府支出を拡大すべきだという考え方を強調する論者も多い（しばしば、それを実現するための政策方針として、完全雇用達成のために政府が躊躇なく支出を拡大するJob Guarantee Program――本稿ではこれを「就労・賃金保証」プログラムと呼称する――と呼ばれるものが重要であると主張されている）。

ただし、日本のようにデフレであるにもかかわらず、失業率が人手不足のために低い、というケースもある。このようなケースでは、失業率はある程度低いものの、人々の賃金が上がらず、貧困と格差が国民の間に広まっているという問題が生ずる。

こういう事態を考えるなら、少なくとも日本では、上限の議論と同じく、**財政支出の下限を考えるにあたっても、「インフレ率」を活用**することができる。

そもそも、貨幣不足による「不況」、すなわち「デフレ不況」下では、インフレ率が極端に低い水準となってしまう。日本の場合は、98年にデフレ不況に突入して以来、インフレ率は−1～+1％程度の極めて低い水準で推移している。

一方で、例えば現在の安倍内閣はアベノミクスにおいて「2%程度のインフレ率」を目指しているが、未だ、その目標は達成されていない。これは明らかに、民間市場で循環する貨幣量が不足していることを意味している。そしてその原因は、「政府の赤字不足・政府の借金不足」なのである。その結果、国民の実質的な所得も消費も下落してしまった。つまり、インフレ率の低迷という「デフレ」によって、国民は貧困化してしまったわけだ。

だから、こうした国民の貧困化を避けるためにも、少なくともインフレ率は2%程度以上となっておくことが必要なのである。

以上をまとめると、**過剰なインフレやデフレを回避するために、インフレ率=物価上昇率が2%から4%程度に「安定的」に収まるように、（新規国債の発行額、場合によっては消費税率等を調整することを通して）毎年毎年の政府の財政収支を調整していくことが必要である**——というのが、**MMTに基づく具体的「財政規律」**なのである。

インフレ率の調整においては、〝金利〟の調整を図る金利政策も有用である

以上が、ＭＭＴの基本的な考え方であるが、現実の経済政策では、インフレ率に影響を及ぼし得る政策ツールは、「財政政策」以外に**「金融政策」**もある。

金融政策とは、中央銀行が金融市場における「金利」を操作する対策である。金利が高くなると、各経済主体は、銀行に預けておくだけで着実に利息を稼ぐことができるようになるため、民間市場における資金が金融機関に吸い上げられる。その結果、市場を循環するオカネが減少し、インフレ率が抑制される。逆に、金利を低い水準に操作しておくと、逆に銀行に預けられた資金が、民間市場に供給され、インフレ率が促進される。

したがって、民間市場に流通する資金量やインフレ率を調整するには、国債発行と税制に基づく広義の「財政政策」に加えて、この金融政策もまた重要な役割を担うのである。

ただし、金融政策は「万能」ではない。むしろ、さまざまな「使用上の注意」があり、その実態にあたってはそうしたリスクを十分に把握しておく必要がある。

第一に、金融政策で設定可能な金利には「下限値」がある。一般に0％以下に設定することはできない（例外はあるが、それでも極端に大きなマイナス金利を設定することはやはりない）。そして、その金利を下限値に設定したとしても、十分に民間市場に資金が供給されないケースがある。その場合には、金融政策だけで目標とするインフレ率の下限値（例えば2％）にまで、インフレ率を引き上げることができない。

例えば、令和元年現在の日本では、日本銀行はインフレ率を向上させるためにでき得る様々な手段を（異次元緩和と呼ばれる非伝統的な手法も含めて）、安倍内閣が誕生してから六年以上講じ続けているが、日本銀行が掲げていた2％の目標インフレ率を達成していない。これは、金融政策だけでは、目標とするインフレ率に到達することができないことを示している。

こういう時こそ、さらなる国債発行に基づく政府支出の拡大や消費税「減税」などによる、市場への資金供給量の拡大が必須となる。

第二に、あまりに低い金利は、民間金融企業の経営を圧迫し、その健全な経営を阻害する。言うまでもなく民間金融企業も国民経済の一部である以上、低金利は国民経済の少なくとも一部を悪化させる側面を持っている。

第三に、金融政策における低金利政策によって民間企業の投資が活発化し、経済成長がもたらされた場合には、いわゆる「バブル崩壊」のリスクが逓増することになる。なぜならバブル崩壊は基本的に、政府の負債ではなく、民間の負債の拡大によってもたらされるものだからである。したがって、経済成長を考えるとき、（税制も含めた広義の）財政政策に頼らず、金融政策にあまりに頼りすぎてしまえば、景気が制御不能な形で加熱し、早晩「バブル崩壊」が生じてしまうリスクが拡大するのである。

第四に、今度は逆にインフレ率が高すぎる状況になった時に、市場内の資金を吸い上げるために高い金利をつけると、政府の債務についての「利払い費」が高くなって民間への資金供給が拡大し、インフレ率を引き下げる十分な圧力がかけられなくなってしまう、というケースが起こり得る。つまり、資金循環量を抑制するための高金利政策が、かえって、資金循環量を拡大するという側面があるのである。

だからそうした場合にインフレ率を引き下げるにはやはり、直接需要を冷やすことができる消費税の増税や、新規発行国債の減額、政府支出の削減などの財政政策が、再び必須となる。

また、もともとインフレに陥るのは、様々な財やサービスの供給量が、需要に比べて少ないからだという点に着目するなら、インフレを回避するためには供給力の拡充を図ることも必要である。したがって、インフラ投資や民間投資の促進策などは（短期的には需要を創出し、貨幣を供給するが故にデフレ対策となるのだが）、中長期的には抜本的なインフレ対策の意味を持つ。だから、こうした**供給力の増強のための「財政政策」**を行っておかないと、どれだけ金融政策を注意深く行っても、容易《たやす》くインフレ化してしまうことになる。

このように、金融政策はインフレ率の調整において一定の役割を担うものではあるものの、**「万能薬」とは到底言えないのであり、むしろ様々なリスクをはらんだ対策なのである。**

したがって、インフレ率を調整し、適正な範囲に収め続けていくためには、以上に述べたような各種のリスク（すなわち、低金利政策によるバブル崩壊リスクや民間金融機関の経営不健全化リスク、高金利政策による政府による利払い費過剰拡大によるインフレ圧力提供リスク、等）を見据えつつ、金融政策を慎重に展開していくことが必要なのである。したがって金融政策の展開においては、あまりに過度に景気に過敏に反応しながら、金利を乱高下させるのではなく、金利を安定的に操作しつつ、様々なリスクを最小化させていく方針が得策なのである。そしてその上で、「税政策」も含めた広義の財政政策を通して、インフレ率の安定化を目指すことが得策なのである。

言い換えるなら、景気が低迷し、循環するオカネが少ない場合、その活性化を企図する場合には、慎重に金融緩和を進めながら財政拡大（国債増発、減税）を図り、逆に、景気が過熱し、循環するオカネが多すぎる場合、その循環の抑制を企図する場合には、慎重に金融引き締めを行いながら財政縮小（国債発行抑制、増税）を推進することが必要なのである。

こうした点を加味すると、政府支出（あるいは財政赤字）の下限基準、上限基準は、次のように記述することがより正確なものとなる（傍線部が追記部分である）。

政府支出（あるいは財政赤字）の下限基準：
↓（金融政策を一定程度行ってもなお）経済が停滞してしまう程度の政府支出量
政府支出（あるいは財政赤字）の上限基準：
↓（金融政策を一定程度行ってもなお）過剰インフレになってしまう程度の政府支出量

MMTの政策的定義とその主張

以上の説明をご覧いただいた上で、本書冒頭で示した、下記のMMTの政策的定義を改めてご覧いただければその内容をご理解いただけるのではないかと思う。

【「財政政策論」としてのＭＭＴ（現代貨幣理論）の定義】

国債発行に基づく政府支出がインフレ率に影響するという事実を踏まえつつ、「税収」ではなく「インフレ率」に基づいて財政支出を調整すべきだという新たな財政規律を主張する経済理論。

そして、より具体的には、以下の三つを主張するものがＭＭＴである、ということを最後のまとめとして改めて記述しておくこととしよう。

まず、「政府は、自国通貨建ての国債で破綻することは、事実上あり得ない」という「事実」を踏まえると、経済政策は以下のように運営すべきである、という「現実」が見えてくる。

政府は、自国通貨建ての借金で破綻することなど考えられないのだから、借金したくないという思いに囚われて、政府支出を抑制するのはナンセンスである。だから政府の支出は、借金をどの程度以下に抑えるかということを〝基準〟にしてはならない。何か別

の、国民の幸福に資する〝基準〟が必要である。（MMTの主張1）

では、赤字を減らすという財政基準でなく、「何か別の、国民の幸福に資する〝基準〟」として何が必要なのかを実際の経済の仕組みを踏まえて考えれば、自ずと以下の〝下限基準〟と〝上限基準〟が必要であるという「現実」が見えてくる。

経済が停滞しており成長が必要とされている場合、政府は財政赤字を拡大することを通して、その目的を達成することができる。逆に言うなら、政府支出（あるいは財政赤字）の〝下限基準〟は、（金融政策を一定程度行ってもなお）経済が停滞してしまう程度の政府支出量である。（MMTの主張2）

政府支出（あるいは財政赤字）を、その国の供給量を超えて拡大し続ければ、過剰なインフレになる。したがって、政府支出（あるいは財政赤字）の〝上限基準〟は、（金融政策を

一定程度行ってもなお）過剰インフレになってしまう程度の政府支出量である。（MMTの主張3）

ここで、より具体的な政府支出の下限と上限の基準は、これまでのインフレ率の実績を踏まえると、それぞれインフレ率2%、インフレ率4%程度となる政府支出（財政赤字）量だと、実務的に想定することができる。

つまり、「政府の支出額」は、以下の範囲に収まるように調整することが必要だと考えるわけである。

政府支出の「下限値」 ＜ 政府の支出額 ＜ 政府支出の「上限値」

政府支出の「下限値」：デフレになってしまう程度に少ない政府支出額

政府支出の「上限値」：望ましくないインフレになってしまう程度に多い政府支出額

これこそ、MMTから導き出される政府支出の制約式であり、「財政規律」である（なお、この財政規律式のより厳密な数理表現については、巻末に**付録1**として掲載している。ご関心をお持ちの方は是非、そちらもご参照願いたい)。

ちなみに、今の日本政府は、

政府の支出額 ＜ 税収額

となることを目指しており、この「財政規律」で財政が運用されているが、税収が少ない場合には、政府支出が上記の「政府支出の下限値」を下回ってしまうことになる。これこそ、我が国が今、20年を超えるデフレのままに放置されている根本的原因だったわけだ。

ただし、政府・中央銀行の財政政策(カネを使う)は金融政策(カネを貸す)と一体的に推進することが必要だ。だから、MMTにおける財政規律は、適切な金融政策を行ってもなお、過剰インフレやデフレ不況に陥ってしまう危機を避ける程度に必要な政府支出(財政赤字)の水準「以内」に収めるべきだ、という、至って抑制的なものだと言うこともできる。

いずれにせよ、MMTは、一部の日本のマスコミや評論家連中が言うような「かなりのトンデモ理論」とはかけ離れたものなのである。そしてその実態は、伝統的な理論を継承しつつ、現実を見据えながら、多面的な配慮に基づいて政策論を展開する、至って理性的、実践的な経済理論なのである。

第2章

「インフレ抑制は無理」という不当なMMT批判

インフレを抑え込むことは、決して不可能ではない

ＭＭＴについての議論が日本でもメディア等を通して広まっていく中で、ＭＭＴに関する誤解が少しずつ解けていき、２０１９年の5月頃になると、「インフレ率が好ましくない水準に達すれば、政府支出を抑制することでインフレ率の上昇を抑えようという理論なのだ」という認識も、国内にて徐々に形成されるようになっていった。

そうすると今度は新手の批判が差し向けられるようになってきた。その「新手のＭＭＴ批判」というのは、以下のようなタイプのものだ。

日銀の原田泰審議委員は（…）「現代貨幣理論（ＭＭＴ）」に否定的な考えを示した。「必ずインフレが起きる。（提唱者は）インフレになれば増税や政府支出を減らしてコントロールできると言っているが、現実問題としてできるかというと非常に怪しい」との認識を示した。（日本経済新聞、２０１９年5月22日）

ＭＭＴの提唱者は「インフレにならない限り、財政赤字は問題ない」と主張するが、増税や歳出削減には法律改正や政府予算の議決が必要で、それほど機動的に変更できるわけではないから、インフレ加速の危険性が明らかになってから財政赤字を削減しようとしても間に合わない可能性が大きい。（東洋経済ＯＮＬＩＮＥ、２０１９年４月28日、櫨《はじ》浩一：ニッセイ基礎研究所　専務理事）

予算というものは、一度それを作ったら、それを前提とした様々な社会構造が出来上がり、変更するには多大な経済的社会的コストを要するうえ、民主主義社会においては政治的コストも膨大で、インフレ率を見て突然変えるなどと言うことは到底出来っこないものなのです。（論座、２０１９年５月16日、米山隆一：前新潟県知事。弁護士・医学博士）

つまり、「政府が意図的に財政政策でもってインフレ率を『抑制』することが難しいのだから、ＭＭＴが言うように、適切なインフレになるまで財政政策を拡大していく、というのは望ましくない」、という主張だ。

しかし、このタイプの批判は、少し考えれば、ほとんど反論する必要性を感じないほどに愚かしいものであることが簡単に見えてくる。

その理由をかいつまんでいくつか述べておこう。

そもそも、彼らは「一旦、財政政策を拡大すれば、抑制できなくなる」と心配しているようだが、そうした主張を裏付ける現実は、今の日本にほとんど見当たらない。

そもそも「政府予算」というものは、補正予算と当初予算とで構成されている。過去10年、20年間の日本政府の予算を振り返れば、確かに当初予算は急激に増えたり減ったりしてはいないが、補正予算は多い時には15兆円程度の水準に達していた一方、ほとんどゼロである場合もあった。つまり、今の現実の予算は、15兆円程度の「泳ぎしろ」があって運用されているのであって、補正予算を効果的に活用すれば、一旦予算が増えれば縮小することが難しくなる、ということなど一切あり得ないのだ。

さらに言えば、当初予算も含めて予算というものは、国会の決議における最重要項目の一つであることを忘れてはならない。そんな国会の最重要項目である予算の調整ができなくなるという主張はつまり、我が国では民主主義は事実上、機能していないと主張しているに等しい。

しかも、過去20年間、我が国は高いインフレ率ではなく、低すぎるインフレ率に苦しめられてきたわけだが、そうなっているのはもちろん、国会で決められる予算の総額が、適正な水準よりも遥かに低い水準に抑制されてきたからだ。その中で例えば公共投資について言うなら、かつての「半分」程度にまで削減されてきた。つまり我が国は、かつて大きかった政府支出を民主主義の力で**「削減してきた」**という実績を持つのである。

こんな日本に対して、一旦予算を増やしたら二度と減らせないと非難するのは、**日常的にクルマを普通に運転しているドライバーに「おまえはアクセルを一旦踏み込めば緩められなくなってしまうかもしれない。だからクルマの運転はもう、やめた方がいい」**と非難するようなものだ。**不当極まりない言いがかり**と言う他ない。

以上だけでも十分とも言えるが、その批判が不当な理由は他にもいくつもある。

そもそも彼らは、MMTがまるで、「一般会計予算を増減させるだけでインフレ率を調整するべし」と主張していると認識しているようだが、完全な誤解だ。インフレを押さえ込むには、金融政策も部分的に採用することもできるし、供給力を上げる投資を行ったりコストプッシュインフレの原因となる要因を除去する等して、インフレになりづらい状況をつくることもできる。しかも、「インフレ率を自動的に制御する」（自動制御装置＝ビルトインスタビライザー）ことを企図して法人税や所得税などを重視することもできる。MMTでは、こうして、「一般会計の予算の増減」以外の様々な方法を通して、インフレ率が適正な水準に収まることを目指すべきだと考えているのである。これらの取り組みを行ってなお、インフレ率が適正化しない場合においてのみ、一般会計の予算水準の増減を図ればよい、というのが

ＭＭＴの基本的な考え方なのである。つまり政府は、ＭＭＴ批判論者達が想像するよりもはるかに強力にインフレを抑制することができるのである。

さらに言うなら、「確かに財政を拡大すればインフレになる。しかしインフレの抑制は無理だから、財政を拡大すべきではない」という彼らの批判は、よくよく考えてみれば、「インフレになるくらいなら、今のままの方がましだ」と主張しているに等しい。

言うまでもなく「今のまま」とはつまり、「デフレ」なのだから、彼らは結局、**ひょっとしたらインフレになるかもしれないから、デフレでいいじゃないかと主張している**のである。

しかしデフレは、日本国民の豊かな暮らしを蝕み、日本国家の国力を衰弱させる極めて恐ろしい**「深刻な病」**だ。１９９８年以降、デフレになった日本は、貧困が蔓延し、格差が拡大し、平均世帯収入は１３５万円も下落した。政府の収入も縮小し、赤字国債発行額も年々拡大し、財政論者達が四六時中心配している「財政悪化」もまた拡大していった。

一方で日本以外の国々は皆､着々と成長し続けている。図１は、日本が「デフレ」病を患った過去20年間の各国の成長率のグラフだ。

ご覧のように日本だけはマイナス成長だが、日本以外は全てプラス成長を記録している。つまり、過去20年間で日本経済だけが縮小してしまった一方で、各国経済は豊かになったわけだ。成長率は世界平均で実にプラス１３９％もあり、日本を除く最低の成長率を記録して

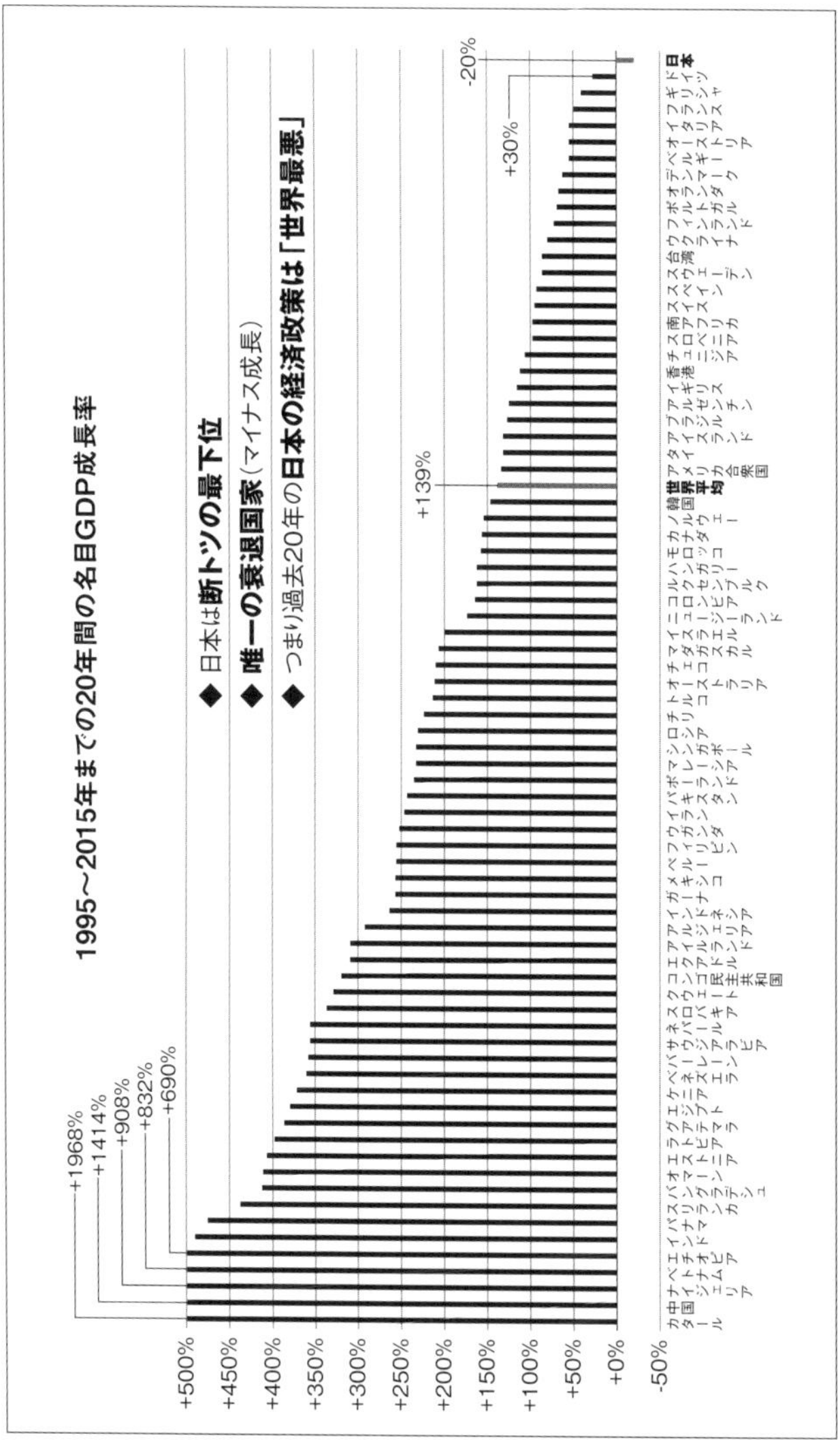

出典：『「10%消費税」が日本経済を破壊する』（藤井聡、晶文社）

図1　世界各国の名目GDP成長率ランキング

いるドイツでさえ30％も成長している。にもかかわらず、日本は実にマイナス20％なのだ。ちなみに、全世界のトータルのＧＤＰに占める日本のシェアに着目すれば、かつて95年には約18％もあった一方、２０１５年には約６％にまで縮小してしまったわけだ。日本がデフレで衰退し続けたことで、日本経済の全世界におけるプレゼンスが、実に３分の１程度にまで急落したわけである。

こう考えるだけで、彼らの主張の不当性が見て取れるわけだが、さらなる将来を考えれば、彼らの主張のさらなる恐ろしさが見えてくる。そもそも**デフレの真の恐怖**というのは、現状の貧困にあるというよりも、さらに貧困化していくという**「未来」にこそある**からだ。

もしもデフレが放置され、こうしたトレンドが継続していくとすれば、今後の20年間でまた日本は、そのシェアをさらに現状の３分の１にまで下落させることになる。その時の日本のＧＤＰシェアは約２％。もうそこまでくれば、日本は単なる**東アジアの一貧国**だ。そうなれば我が国国民は今とは比べものにならないくらいの激しい貧困と格差に苛まれることになる。

「インフレが怖いから今のままでいい」なる彼らの主張は、そんな恐るべきデフレという経済状態の問題点を全て無視している。つまり**彼らのメンタリティは、栄養失調状況に苦しんでいるのに、肥満を過度に恐れて何も食べようとしない拒食症患者のそれと全く同じ**なのだ。

このまま彼らの言いなりになっていては、早晩、そんな拒食症の人間が命を落としてしまうように、我が国全体がますます貧困化し、取り返しのつかない状態にまで衰退していくこととなろう。

しかも、その「制御できないインフレになるかもしれない」という話は、文字通りの**「杞憂」（無用の心配）**なのだ。

そもそも、制御できないようなインフレ、ないしは**ハイパーインフレ**なるものになるのは、戦争や大地震によって生産能力が著しく破壊されるといった、極端なケースに限られる。そういう極端なケースでは激しいモノ不足が生じ、モノの値段が激しく上昇してしまう。しかし、日本のような生産能力を十分に携えた先進国家が、たかだか数兆円や十数兆円の財政支出を短期的に拡大したところで、制御不能のインフレになるほどの極端なモノ不足に陥ることなど、万に一つもない。事実、図1に示した日本以外の全ての先進国はいずれも、デフレではない「インフレ国家」だが、その中で制御不能なインフレになった先進国など、全く見当たらない。

逆に言うなら、制御不能なインフレに陥ったのは、ジンバブエやザイール、ベネズエラなどの、生産能力が十分存在しない、いわゆる発展途上国に限られているわけだ（それを考えると、我が国日本でもこのままデフレを放置し、国内の生産能力が激しく毀損《きそん》していけば、皮肉にも制御不能なインフレにある日突然なってしまうリスクがある、と言うことはできよう）。

　つまり、「制御不能なインフレが怖いから、何もしない方がよい」というMMT批判は、**「あらゆる食べモノに、毒が入っている、という絶対にあり得ない病的な思い込みが頭から離れず、何もモノが食べられなくなってしまった神経症患者」**のようなものなのだ。

　このように、日銀の原田泰審議委員らによる、「財政拡大でインフレを目指していては、いざという時に財政を絞ることなどできなくなって制御不能なインフレになってしまう。だから、財政拡大でインフレなど目指すべきではない」という、今日における最も典型的なMMT批判は、

　第一に、**日本は財政を拡大したり縮小したりする能力を実際に持っているという点で、MMTに対する不当な言いがかりに過ぎない**のであり、
　第二に、**MMTは別に政府の一般会計の増減だけでインフレ率を制御すべしなどとは一切言っていないにもかかわらず、MMTはさもそう主張しているかのような印象操作を図っているという点において、MMTに対して不当な濡れ衣を着せるもの**であり、
　第三に、**制御不能なインフレになど、十分な生産能力を持つ先進経済大国である日本が陥ることはあり得ない、という点で、単なる「妄想」にとりつかれた、著しく不条理**

な批判に過ぎないのであり、

そして第四に、**何もせずにデフレを放置し続けることは、現在、そして将来の日本国民に激しい被害をもたらすという現状認識を一切忘れている、**

という点で、恐るべき無責任発言に過ぎないのである。

MMT批判の背後に、おぞましき「インテリ心理」がある

しかしそれにもかかわらず、そんなお粗末な批判が同時多発的に沸き起こってきているわけだが、それがなぜなのかと言えば、ある一つの「財政思想」が我が国のインテリ達の脳髄の奥の奥まで、染み渡っているからに他ならない。

その考え方とは、**アメリカの財政学者、ジェームズ・ブキャナンの『財政赤字の政治経済学』で展開された財政思想だ**。

彼の「政治経済学」の根幹にある財政思想は、民主主義においては、政治家が人気取りの

公共事業などの「バラマキ」に走りがちで、その結果、財政赤字が膨らんでしまう——というものだ。彼はこの理論によって、1986年にノーベル経済学賞を受賞しているのだが、このブキャナン理論はその後、世界に巨大な影響を及ぼすことになった。すなわち、**民衆の主張や要求を一切無視して「財政規律」を守ることこそが、国全体を守る上でとても大切な「道徳的に正しい行為だ」という風潮が、先進国のエリート達の「常識」になってしまったのだ。**そしてその後、先進諸国の政府や、OECDやIMFなどの国際機関の基本的な運営方針となっていった。

そんな中、我が国日本の政治家や官僚、学者達といった「インテリ」層もまた、このブキャナンの財政思想に「汚染」されていった。要するに**住民達は皆バカで、そんな住民が好きな財政拡大は、不道徳なものだ、というイメージが、日本のインテリ層の「常識」**になってしまったのである。

しかも、このイメージを強化するような田中角栄の「金脈政治」「ロッキード」といった大事件が日本にはあった。つまり、中卒の政治家、田中角栄が、ブキャナンがばらまいたイメージ通りの「土建のバラマキ政治」で政治権力を握り、汚い賄賂事件で逮捕されてしまったわけだ。

さらに言うと、「軍国主義日本の民意」に押される恰好で軍事政権が暴走し、無駄な国債を発行しまくって、不条理極まりない愚かな戦争をはじめ、その結果として自滅してしまった——というイメージもまた、ブキャナン思想の正しさを強化してしまった。

日本のインテリ達は皆、この田中角栄や軍国主義のダーティーなイメージとブキャナン理論とを、半ば無意識的に重ねていったわけだ。そして、

「やっぱり愚かな民衆共が好きな財政拡大は、単なる民衆のエゴに過ぎない。だから我々インテリがこういう手合いを黙らせて、『緊縮』しなきゃいかん。さもなければ、日本が滅茶苦茶になる」

という、病理的な「道徳心」を持つに至ったのである。そして、彼らに刃向かおうものなら、彼らは次のような訓示を垂れるのだ。

「君は、田中角栄の金脈政治のような土建バラマキの暴走を忘れたのか？　それに、かつての戦前日本だって、軍国主義で国債を刷りまくって暴走し、挙句に自滅したじゃないか。国債にはそんな危険性があるんだよ。だから、ニッポンを守るために俺たちは、民衆がどれだけ積極財政を叫ぼうが、そいつらを黙らせて緊縮財政を貫くことが必要な

んだよ。それこそが、国家のために正しく道徳的な行為なんだ」

まさに常軌を逸した思い込みなのだが、この思い込みは今、平均的な政治家や役人、学者などのインテリ達の間に広く深く共有されてしまっている。いわば、住民エゴを無視して緊縮すべきだという主張は今や、強烈な「ポリティカル・コレクトネス」（発言における政治的な適切さ）になってしまっているのである。

だから日本のインテリ達は皆、「インフレになるまでは財政赤字を拡大すべきだ」とのMMTの主張を耳にした途端、

「まだこんな不道徳な奴がいたのか!?」

と本能的に反発してしまうのである。

これこそ、日本の一般的な学者や官僚、メディア関係者達からMMTが激しく攻撃される基本的な理由だ。

その典型が、いわゆるインテリ左派の代表的新聞社である朝日新聞（における一部の記者）だ。

朝日新聞（の一部の記者達）はとりわけ、「国家の暴走」に深い警戒感を持っており、それを

批判し、止めることこそが「正義」であると信じ込んでいる。だから、ＭＭＴに対して彼らは、**「かなりの『トンデモ理論』」**（朝日新聞、２０１９年４月26日）という、激しい誹謗中傷の言葉を投げつけたのである。

しかし、こうした心情を持っているのは別に朝日新聞に代表されるインテリ左派の人々だけではない。日経新聞であろうが読売新聞であろうが産経新聞であろうが、現代の「知識人」や「インテリ」達はおおよそ皆、程度の差こそあれ、同様のブキャナン的なポリティカル・コレクトネスの空気を共有しているのが実態だ（無論、原発や防衛等、意見が異なるケースもあるが、財政拡張やインフラ投資については概して否定的だ）。

しかも、ブキャナン理論は、インテリ達の**「選民思想」**をくすぐるという特徴がある。つまり、ブキャナン理論を信じておきさえすれば、「他の人々は皆概して愚かだけど、俺の言う通り緊縮をやればそれで国が救われるんだ」と考えることができ、自らを選民の地位に位置付けることが可能となるのである。

だから、ＭＭＴ的財政拡大論を耳にした途端、彼らが即座にＭＭＴを否定したくなるのは、自分自身の虚栄心を満足させるためでもあったのだ。つまり彼らは、自分がインテリであると思われるために、さらに言うなら、他者からインテリであることを疑われないようにするためだけに、単なるポーズで国債発行を不道徳呼ばわりしているのである。

「緊縮」が世界を支配したことが、MMTが今、着目され始めた理由である

もちろん、ブキャナンの言うように、住民エゴで歪められた財政政策が行われることはあり得るのだろうと思う。

しかし、ブキャナンが懸念する財政破綻なるものは、財務省の公式見解でも明らかにされているとおり「あり得ない」のであり、単なる「杞憂」にしか過ぎなかったのだ。

しかも幸か不幸か、ブキャナン思想が各国の上流階級に深く浸透してしまったことで、「庶民の財政拡大の要求圧力」が「政府からの押さえつけ圧力」を圧倒する状況になってしまっている。

その結果、様々な国で過剰な緊縮が横行し、様々な社会的弊害が生ずることになっていったのだが――その帰結として、「反発」もまた同時に拡大していったのである。

その典型が、フランスにおける黄色いベスト運動だ。フランスでは、マクロン大統領が打ち出したガソリン税の増税という「緊縮」に対して、国民の反発が一気に高まり、それが、

フランス全土の「黄色いベスト運動」に繋がったのである。

あるいはアメリカにおいても、いつまでたっても無くならない失業者を政府が放置し続けている状況に対して、国民の不満が高まった。その不満は一方では、安い労働力となる「移民」の受け入れに対する反発へと繋がりトランプ大統領を生み出したが、それと同時に、政府がしっかりと支出を拡大して雇用を生み出していくことも必要ではないかという議論へと繋がった。そして、そのためにも、政府は失業率を十分に引き下げていくために、政府支出を拡大することを躊躇すべきではないという議論が拡大していった。そして、若き下院議員、オカシオ＝コルテスが積極財政の必要性を声高に叫び、アメリカで今大きな注目を集めるに至ったのである。

そして我が国日本においても、過去20年の間、政府は過剰な緊縮財政を加速させていった。その象徴が、消費税の１９９７年増税であり２０１４年増税であり、そして10％増税なのであり、それと並行して進められた様々な政府予算の抑制であった。その結果、安倍内閣誕生以降、財政赤字は急速に縮小していったのであり、その帰結として、日本経済は疲弊し続け、賃金が激しく下落していき、日本国民の貧困化が加速していった。

こうした緊縮の流れに反発する形で今、財政を拡大せねばならぬという議論が少しずつ広まっているのである。残念ながら今のところ、必ずしも大きな「うねり」にまで至ってはいないが、保守系の論者はアベノミクスの第二の矢である「財政政策」の拡大を主張し、左派系の論者達は、日本版の黄色いベスト運動とも言い得る「薔薇マーク運動」を展開している。

そしてこうした「反緊縮」の世界的な潮流が生み出されていった経緯の中で大きく注目されていったのが、MMTであった。その象徴的出来事が、アメリカにおける反緊縮論の旗手、オカシオ＝コルテスのMMTの支持宣言だったわけだが、そうした議論の中で、MMTは「反緊縮」が単なる大衆の不合理な気分なのではなく、十二分に理性的な裏付けのある合理的な政策方針であることを理論的に明らかにするものとして、大注目されるに至ったのである。

第3章

MMTの2大政策

「就労・賃金保証」プログラムと「貨幣循環量」調整策

インフレ率を軸に、金利、失業率、賃金をウォッチし続けるべし

以上、ＭＭＴは、**「国民の幸福に資する〝基準〟」**を想定して財政を調整すべきだと考えるものであり、その基準として最も基本的なものはインフレ率が考えられる、と論じた。だが、インフレ率が２％や３％という適正な水準であっても、失業が多かったり賃金が一向に上昇していかないような状況では、国民は必ずしも「幸福」ではない。

さらには、そんなインフレ率よりもさらに金利の方が高ければ、結局は早晩資金が金融市場に流入し、賃金は下がり、インフレ率がますます低減していくことになる。

だから、本来政府は「金利が過剰に高騰しない」ように留意しつつ、「失業率は限りなく低く抑え」、そして、「賃金が安定的に上昇していく」という状況を目指すことが必要なのである。

そして、金利を調整したり、あるいは、失業率、賃金を適切な水準に調整していくためにも、政府は財政政策のみならず、あらゆる手段を講じていく必要があるわけである。

ただし、本章で論ずるように、**失業率と賃金については、政府が柔軟な財政政策に基づいて適切な雇用対策、すなわち「就労・賃金保証」プログラム**（Job Guarantee Program：ＪＧＰ）を推進すれば「完全雇用」と共に、「政府が望ましいと考える水準の最低賃金」を実現することができる。さらに、金利についても、適切な金融政策を実施すれば、インフレ率に比して過剰に高い水準や過剰に低い水準となる事態を回避することも可能となる。

つまり、「就労・賃金保証」プログラムを採用し、金融政策を適切に推進すると決めた政府においては、**とりわけ注意しておかなければならない指標は、結局は「インフレ率」の一点だということになる。**したがって、国民の幸福の実現を目指すＭＭＴは「就労・賃金保証」プログラムと金融政策の推進を主張すると同時に、本書第1章で述べたように、インフレ率に基づいて政府支出額、あるいは、財政赤字額を調整することを主張するのである。

ついては本章ではまず、「就労・賃金保証」プログラムについて説明することとしよう。

「就労・賃金保証」プログラムによる、「完全雇用」の確保

これまでのMMTに基づく政策論においてとりわけ重視されているのが**「失業率」**と**「賃金」**である。

そもそもMMTは（本来、全ての経済政策がそうであるように）、**経済政策の目標を「国民の幸福」の確保・拡大**においている。そして、国民の幸福の確保・拡大において、失業率の低減が極めて重要であることは論を俟《ま》たない。多くの不幸は貧困から発生するのであり、貧困は失業によってもたらされるからである。

失業率を低減させ、賃金水準を一定以上に保つ政策はもちろん様々に考えられるが、「政府が財政破綻することはあり得ない」ということを前提とするMMTにおいてしばしば主張されている代表的な対策が、**Job Guarantee Program（JGP）**である。これはとにかく、失業者が一定以上存在するような状況において、公務員を増やしたり公共投資などを行って雇用を生み出し、**失業者がいない完全雇用**を目指すと同時に、**政府が設定した最低賃金を実**

現させることを目指す政策である。したがって、JGPはこれまで雇用保障プログラムや、就労保障プログラム等と呼ばれてきたが、ここでは、そのJGPが賃金水準の確保も明確に視野に収めたものであることから**「就労・賃金保証」**プログラムと呼称する。

なお、この「就労・賃金保証」プログラムは、政府が**「最後の雇い手」**(Employer of Last Resort：ELR)としての役割を担うわけで、民間では誰も雇ってくれない人々に対して、政府が直接的、あるいは、間接的な雇い手となり、**完全雇用**を目指すものと言うことができる。

この「就労・賃金保証」プログラムの中でも特に有名な政策が、1929年の世界大恐慌の時にアメリカが行った**ニューディール政策**だ。ニューディール政策では、大規模な治水事業や道路事業などの公共事業を展開し、全国で1300万もの人々を雇用した(なお、このニューディール政策の理念は、安倍内閣が推進するアベノミクスの中にも一部導入されている。実際、筆者が安倍内閣の内閣官房参与に着任し、アベノミクスのアドヴァイスを行っていた時の担当は、「ニューディール政策担当」であった。ただし、現実的にはアベノミクスは積極的な国債発行を回避し、むしろ国債発行額を圧縮し続けたため、「就労・賃金保証」プログラムというアメリカのニューディール政策に見られた側面は見られなかった)。あるいは、MMT論者の一人であるレイによれば、**代表的な福祉国家・スウェーデン**もこの「就業保障」政策の理念を導入した雇用対策を行っていると指摘されている。

そして今、アメリカのオカシオ＝コルテス議員は、失業者を減らし、そして、最低限の賃金水準を確保することを目的としつつ、かつ、アメリカの環境改善を目指した公共事業を大規模に展開する**「グリーンニューディール」**を主張しているが、彼女がイメージしている政策論もこの「就労・賃金保証」プログラムなのである。

「就労・賃金保証」プログラムによる、「最低賃金」の確保と「ブラック企業の脱ブラック化」

ところで、政府が作り出す就労機会の「賃金」はもちろん、政府が決定することができる。この時、その賃金水準を、政府が想定する**「最低賃金」**に設定しておけば、その時点での失業者を吸収できるばかりではなく、その「最低賃金」以下の賃金で就労している労働者を、政府が作った雇用機会が吸収していくこととなる。つまり、政府が想定する最低賃金で働ける仕事を政府が作り出しておくことで、それ以下の安い賃金で働く、いわゆる「ブラック企業」で働いている人達の転職を促し、ブラック企業で苦しむ人々を救い出すことが可能となるわけである。

そうなれば、早晩、ブラック企業は徐々に働き手が失われていき、働き手を確保できずに倒産してしまうか、あるいは、労働賃金を上げ、「脱ブラック化」をせざるを得なくなる状況となり、結果的に、ブラック企業がなくなっていくことにもなる。

もちろん、以上はあくまでも理屈の上の話であって、様々な制約によってすべての低賃金労働者の転職を促すことができず、ブラック企業を根絶することまでは困難かもしれない。しかし、そうであったとしても、ブラックな経営を続けることができる企業は、確実に縮小していくことになるだろう。

なお、この「就労・賃金保証」プログラムでは、「最低賃金」以上の賃金は設定しないのが一般的だ。なぜなら、十分に高い賃金を設定してしまえば、人々のその就労機会への「転職」が誘発され、実質上、その設定した賃金が「最低賃金」になってしまい、その結果、経営が苦しくなる中小企業が増えてしまうからである。

政府は、自らが作り出すマネーを使って、「就労・賃金保証」プログラムを完遂する

以上のような説明を耳にした多くの国民は、

「それはもちろん、そんなプログラムができたら理想だろう。失業者がゼロになって、しかも、ブラック企業も一掃されるのだから、素晴らしい話だ。だが、そんなことを政府がやろうとすれば、滅茶苦茶オカネがかかってしまって、結局、赤字が膨らんで、借金まみれになってしまうじゃないか⁉」

と考えることだろう。

しかし、思い出して欲しい。本書の第1章で論じたように、そして日本の財務省が公式文書で明らかに認めているように、政府が赤字を拡大させたからといって、「破綻」することなどあり得ないのである。（この点については第4章でさらに詳しく論ずるが）そもそも、「最後

の貸し手」である日銀を「子会社」として持っている政府が、破綻する筈などないのだ。

だから、「就労・賃金保証」プログラムを進め、政府支出がそれによって拡大させられたからといって政府が破綻に追い込まれることはない。だから政府は破綻することに怯えることなく、国民の幸福に資する上質な「就労・賃金保証」プログラムをじっくりと展開すればよいのである。

逆に言うなら、**「就労・賃金保証」プログラムはMMTにおいてはじめて提案可能となった政策**なのである。

ただし、同じく第1章で論じたように、「就労・賃金保証」プログラムを進めた結果、国民や企業が十分にお金持ちになってしまい、消費や投資が（その国が持つ供給能力・生産能力を超過するほどに）拡大してしまうと、過剰なインフレになる可能性が生ずる。つまり、政府支出の拡大を伴う「就労・賃金保証」プログラムは必然的に、インフレ圧力をもたらす可能性がある。

ただし、「就労・賃金保証」プログラムが発動されるケースの多くは、今の我が国のようなデフレ傾向が濃密に存在するようなケースだ。そんな状況では、多くの人々が失業しており、かつ、市場にブラック企業がはびこり、多くの人々が最低賃金以下で働かざるを得ない状況となっている。こうしたケースにおいて「就労・賃金保証」プログラムを発動し、政府支出の拡大と賃金上昇を通してインフレ圧力がかかることは、デフレを終わらせ、インフレ率を適正な水準に押し上げるためにも望ましい帰結をもたらすことになる。その意味において、**我が国においてこそ、この「就労・賃金保証」プログラムが強く求められている**のである。

「インフレ下」でも、「就労・賃金保証」プログラムは国民の幸福に資する

なお、失業が増え、人々の賃金が望ましい水準以下となってしまうのは、なにもデフレ不況時のみではない。オイルショック等による資源・エネルギー価格の高騰や、急激な消費増税などの**「外生的な原因」**によって**無理やり「インフレ」が急激に進めば**、人々の賃金が上昇しないままに物価が上がってしまうため、人々の「実質的な賃金」が下落してしまう。同時に、企業においては「実質的な売り上げ」が急激に下落し、その結果として失業率も上がる。つまり、給料／売り上げが上がらないのに、物価が高くなり、生活／経営が苦しくなるわけだ。こうした現象は一般に**「スタグフレーション」**と呼ばれる。つまり、スタグフレーションとは、物価が上昇していくインフレであるにもかかわらず、失業者は増加すると同時

に、実質的な賃金が下落していく現象なのである。

こうした場合においてもやはり、「就労・賃金保証」プログラムを展開すれば、失業を縮小し、最低限の実質賃金を確保することが可能となる。

ただしこの場合には、インフレ下であるにもかかわらず政府支出を拡大させることになるため、結果的にインフレがさらに加速するリスクが生ずることになる（なお、この後にすぐに述べるように、逆にデフレ圧力を高める可能性もある）。

しかし、**「就労・賃金保証」プログラムによって導かれるさらなるインフレは、国民の幸福を「毀損」するよりもむしろ、幸福に「資する」**ものとなる。

なぜなら、そうした状況下での「就労・賃金保証」プログラムは確かにインフレを加速させるリスクはあるものの、確実に名目賃金の上昇率を向上させ、それを通して実質的な賃金を上昇させる圧力をかけることとなるからである。

そして何より重要なのは、「就労・賃金保証」プログラムは失業者を確実に減らす（あるいは消滅させる）ことに成功する、という点にある。

かくして、スタグフレーション下での「就労・賃金保証」プログラムは、そのスタグフレーションを導いた外的要因が人々にもたらしている「実質賃金下落」「失業率上昇」という**害悪を緩和**し、消滅させ得るのである。

以上の議論は次のように整理しなおすことができる。

そもそもインフレはインフレでも、その物価上昇が人々の賃金に結びつくインフレならば人々の実質賃金は下落せず、人々は貧困化しない。そうしたインフレは**「良性インフレ」**と呼ぶことができる。ところが、資源価格の高騰や、「消費増税」によって強制的にもたらされるインフレは、人々の賃金の上昇につながらず、必然的に実質賃金の下落を導き、人々を貧困化させる。そうしたインフレは**「悪性インフレ」**と呼ぶことができる。

そして、インフレ下での「就労・賃金保証」プログラムは、そのインフレが持つ（失業と実質的貧困を導くようなスタグフレーションをもたらす）**「悪性インフレ」の側面を徐々に縮小させ、「良性インフレ」の側面を徐々に拡大させる効果**を持っているのである。

「就労・賃金保証」プログラムは、デフレ圧力のみならず、インフレ圧力をも下落させる

しかも、**「就労・賃金保証」プログラムは、インフレ圧力を「低減」する効果**をすら持っている。

なぜなら、インフレであろうがデフレであろうが、「最低賃金」で働く人々が一定程度存在する状況を作り出すからである。

おそらく、デフレ状況下にて「就労・賃金保証」プログラムがデフレ圧力を緩和する機能を持つのは直感的にご理解いただけるものと思う。そもそも「就労・賃金保証」プログラムという言葉そのものが、所得ゼロの失業者をなくすという含みを持っているし、かつ、実際このプログラムは最低賃金を確実に実現させる力を持つものだからである。一方で、インフレ状況下で「就労・賃金保証」プログラムを続ければ、「最低賃金しか払わない雇用主」が存在し続けることとなり、それによって、賃金が過剰に上昇し、インフレ圧力が過剰に高くなってしまうリスクを縮小させる効果が生ずるのである。

つまり、インフレであろうがデフレであろうが、かたくなに同じ賃金しか支払わないという政府が存在することで、景気の良し悪しで過剰に賃金が急落したり急騰したりすることがなくなり、賃金の変動を「安定化」させ、それを通してインフレ率の変動も安定化させるのである。つまり、デフレ期にはインフレ圧力がかかり、インフレ期にはデフレ圧力がかかるのである。

「ワイズ・スペンディング」という MMTにおける「質的」財政規律

以上は「就労・賃金保証」プログラムについての理論的・概略的な説明であるが、具体的にこのプログラムを進めるには、一体どのような仕事を創出するのか、という議論が実践的に必要だ。

この点については、**一体どのような仕事が今の日本に求められているのか**を見据えながら、個別具体的に検討していくことが重要である。なぜなら、MMTにおいては、（過剰インフレという）政府支出・財政赤字の「上限制約」があるからだ。つまり、MMTといえども無制限な政府支出を想定しているわけではなく、支出可能な財源には「限り」があるわけだ。

一般に、財源に「限りがある」のなら、総合的な公益の視点から、どれにどれだけの財源を投入することが適切なのかをしっかり考えて、「かしこく」支出していく態度が必要となる。そうした態度は**「ワイズ・スペンディング」**（かしこい支出）と呼ばれている。

MMTに基づく経済政策には、第1章で「上限規律」と「下限規律」があると論じた。それらはいずれも、MMTの「量的」な財政規律だと言えるが、この**ワイズ・スペンディングは、MMTの「質的」な財政規律**だと言うことができる。

なお、多くの国家は、毎年毎年の「予算の審議」に、国家的最重要項目の一つとして膨大な時間と労力を費やし続けているが、それは、各国が「ワイズ・スペンディング」という「質的」な財政規律を如何に重視しているかを示している。MMTは、近代国家におけるそうした当たり前の態度を改めて強調するものなのである。

「就労・賃金保証」プログラムを行う政府は、後は「インフレ率」を適切に調整すれば良い

以上、「就労・賃金保証」プログラムについて解説したが、この政策を行うことで、デフレ、インフレにかかわらず「完全雇用」を達成することが可能となると同時に、政府が決定した「最低賃金」を保障することが可能となる。

こうなると、政府が重視すべき状態変数は「金利」と「インフレ率」となるが、金利は、

中央銀行（つまり、日本銀行）が適切な金融政策を図っておけば、インフレ率から過剰に乖離《かいり》した水準になることを回避することができる。つまり、インフレ期には、資金需要が高まり自ずと金利は高くなると同時に、デフレ期には、資金需要が低下し自ずと金利は低くなる。

図1をご覧いただきたい。過去約40年間の金利と物価（コアコアCPI：エネルギーと生鮮食料品を除いた物価指数）の推移だ。ご覧のように、長期的な傾向として、物価の水準にあわせて、金利が変動していることが見て取れる。1980年代は物価は6％近くあった水準から2％前後にまで下落したが、それにあわせて金利も9％程度から5％程度にまで下落している。80年代末になって物価が再び上昇基調となると、金利もそれにつられて再び6％程度にまで上昇する。しかし90年のバブル崩壊を機に、物価は再び3％程度から下落し続け、2000年代になると「マイナス」の領域に突入する。そうすると金利もまた、4％程度から下落していき、1％程度を推移し、最終的に0％程度にまで下落している。

このように、金利は物価に概ね連動してきたのが過去の推移であった。これは、金利変動のメカニズムを考えれば当然の傾向だ。そもそも、皆がオカネを借りようとする「資金需要」が活性化すれば、金利は上昇し、逆に資金需要が縮小すれば金利は下落する。そして、コアコアCPIという視点での物価が上昇していく局面とはすなわち、需要が拡大している局面であり、必然的に投資も拡大していくため、資金需要が活性化する局面である。したがっ

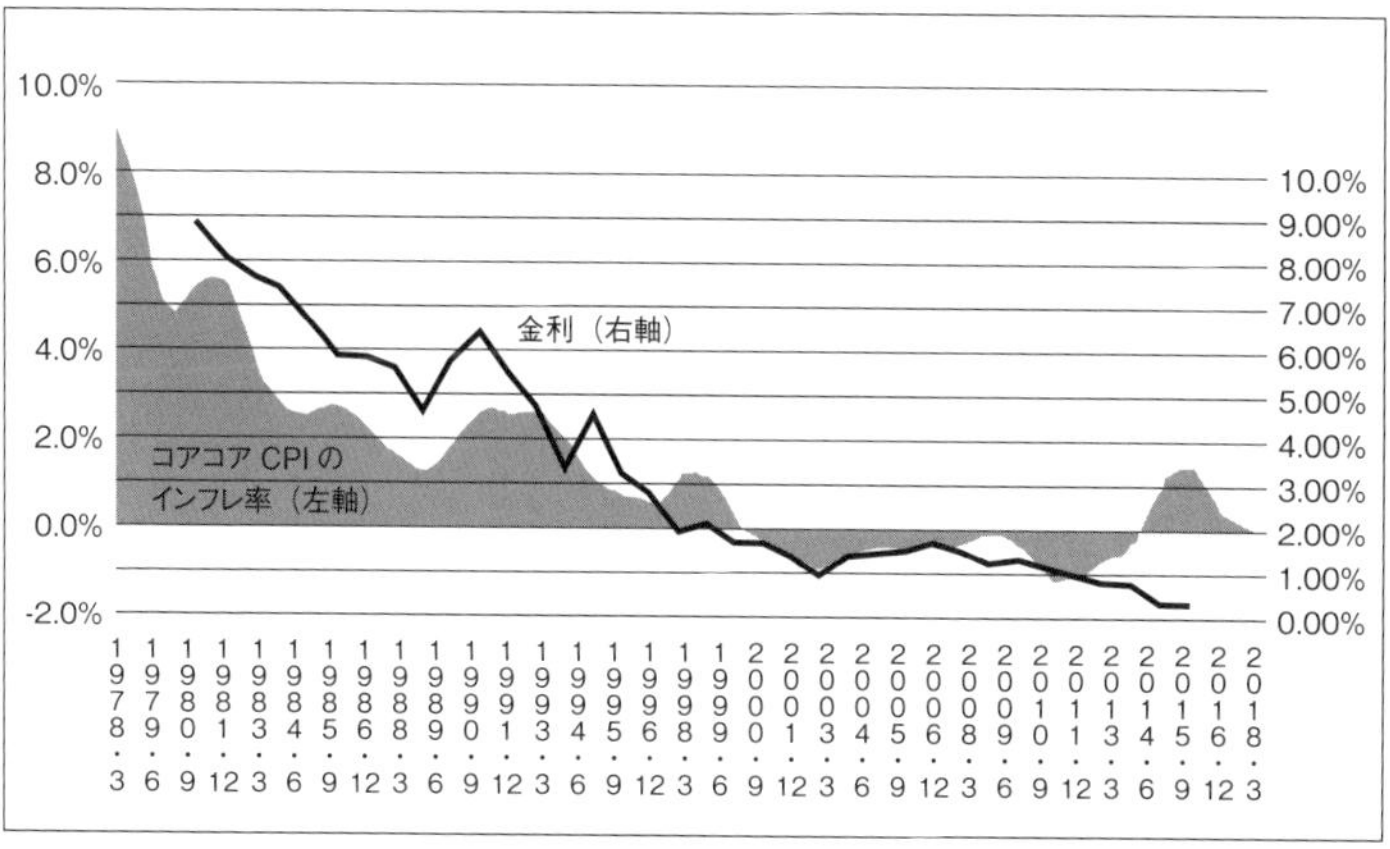

金利：10 年国債の 12 月最終時点での金利水準
物価：コアコア CPI の対前年変化率

図1　金利と物価の長期推移

てコアコアCPIが上昇していけば、自ずと金利も上昇していく。逆に、コアコアCPIが下落していく局面とはつまり、需要が縮小しており、したがって投資需要は減退し、資金需要も縮小していく局面である。したがって金利は下落していくことになる（この傾向は、経済学では一般にLM曲線と呼ばれるものが表現する現象に対応している）。

もちろん金利は、日銀の金融政策等、資金需要以外の要因にも影響を受けるが、それでもやはり、大きなトレンドは、物価に支配的な影響を受けているのである。

かくして政府が金融政策を適切に行いつつ、「就労・賃金保証」プログラムを採用している限りにおいて、**最も注目せねばならない変数は、「インフレ率」一本に絞ら**

れることになるのである。

「インフレ率」調整策とは、「貨幣循環量」調整策である

だから政府は、インフレ率が「下限値」（例えば2％程度）を下回る過剰なデフレ、あるいは停滞状況では、インフレ率を上昇させるための下限規律対策、つまり、**デフレ対策**が必要であり、逆にインフレ率が「上限値」（例えば4％程度）を上回る過剰なインフレ状態では、インフレ率の上昇を抑制する上限規律対策、つまり、**インフレ対策**が必要となる。これらを一言でまとめると**「インフレ率」調整策**と呼称することができよう。

表1に、下限規律対策＝デフレ対策と、上限規律対策＝インフレ対策をとりまとめる。

ご覧のように、インフレ対策、デフレ対策は多岐にわたるものであり、それぞれちょうど**対照的**な取り組みが必要となっている。また、所得税や法人税など、両者に**共通の対策**もある。

ただし、これらのインフレ率調整策のすべてに共通するのは、**「循環するオカネの量」（貨**

<table>
<tr><th colspan="2"></th><th>「下限規律」対策
（デフレ対策）</th><th>「上限規律」対策
（インフレ対策）</th></tr>
<tr><td rowspan="6">財政金融政策
（を通した貨幣
循環量調整）</td><td>所得税</td><td colspan="2">所得税の累進制の強化</td></tr>
<tr><td>法人税</td><td colspan="2">法人税率の増加／および累進制の強化</td></tr>
<tr><td>消費税</td><td colspan="2">「インフレ率」に基づく税率調整</td></tr>
<tr><td rowspan="2">財政政策</td><td colspan="2">「就労・賃金保証」プログラム
（ワイズ・スペンディングに基づく
就労計画と実質的な最低賃金の保障）</td></tr>
<tr><td>拡大
（長期投資計画＊の
前倒し等）</td><td>縮小
（長期投資計画＊の
後ろ倒し等）</td></tr>
<tr><td>金融政策</td><td>緩和</td><td>引き締め</td></tr>
<tr><td rowspan="4">市場環境政策
（を通した貨幣
循環量調整）</td><td>構造政策</td><td>規制強化
（過当競争の抑制）</td><td>規制緩和
（競争促進）</td></tr>
<tr><td>貿易政策</td><td>保護貿易の推進</td><td>自由貿易の促進</td></tr>
<tr><td>移民政策</td><td>縮小</td><td>拡大</td></tr>
<tr><td>悪性イン
フレ対策</td><td colspan="2">エネルギー・物流コスト等の引き下げ</td></tr>
</table>

＊長期投資計画：ワイズ・スペンディングの視点で策定

表1　デフレ時・インフレ時のそれぞれの「インフレ率」調整策

幣循環量）を調整しようとするものだという一点だ。

そもそも、物価は循環するオカネの量（貨幣循環量）が増えれば上昇し、減れば下落する（数理表現については、**付録2**を参照されたい）。だから、インフレを抑制するインフレ対策のためには、循環する貨幣量を抑制しようとするし、一方で、デフレからの脱却を図るデフレ対策のためには、貨幣循環量を拡大しようとするのである。つまり、それぞれの「インフレ率」調整策は、**「貨幣循環量」調整策**と言い換えることもできるのである。

ただし、**「貨幣循環量」調整**にあたっては、政府のオペレーションを通してより直接的に調整を図る（税制を含めた）**「財政金融政策」**と、環境整備を通して間接的に調整を図る**「市場環境政策」**の二種類がある。

以上の議論より、一般的な「MMT」が掲げる政策ビジョンとは、以下のようなものと記述することができる。

【MMTが掲げる政策ビジョン】

あらゆる国民の賃金が一定水準以上となることを前提としつつ、財政金融政策と市場環境政策の双方を通して循環するマネー量（貨幣循環量）を安定的に少しずつ拡大させる

ことを通して「インフレ率」を適切な水準に整え、国民の暮らしの安定化と国民経済の安定的な成長を目指す。

以下、それぞれの対策の一つひとつについて解説していくこととしよう。

所得税、法人税と「就労・賃金保証」プログラムにおけるビルトイン・スタビライザー（自動安定化装置）機能

ＭＭＴにおいて「貨幣循環量」を調整する最も効果的な対策の一つが、所得税と法人税である。なぜならこれらの税金は、インフレ傾向が強い場合には支払う税額が増加しインフレを抑制する効果が拡大していく。一方で、デフレ傾向が強い場合支払う税額が縮小してデフレを抑制する効果が拡大していくからである。

まず、例えば日本においては所得税には図２に示したような「累進性」がある。つまり、

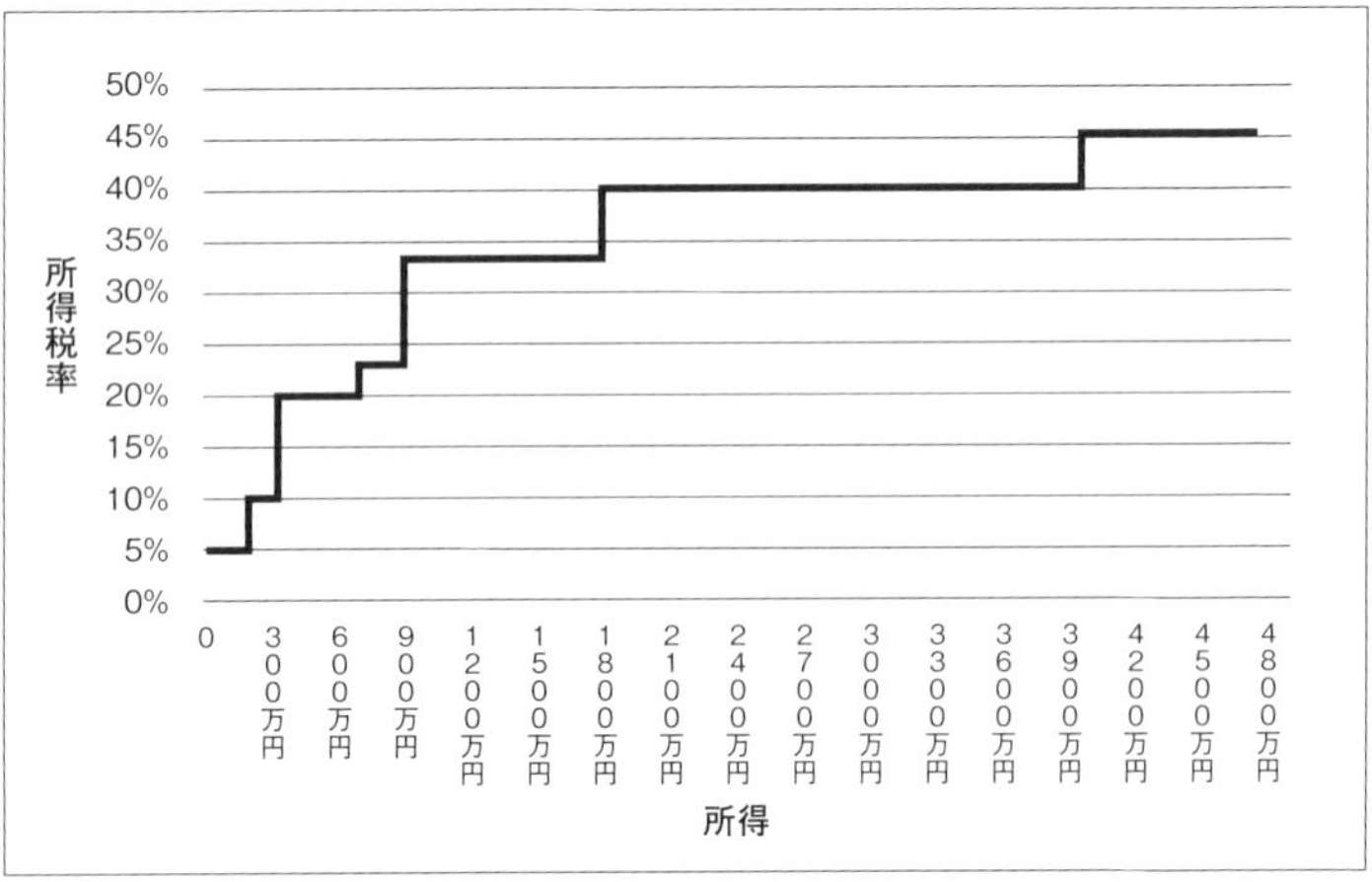

図２　所得と所得税率の関係

所得が高ければ高いほど、所得税率が高くなっていく。例えば、所得が１５０万円程度の場合、税率はたった5％だが、５００万円になると税率は20％になる。１０００万円なら33％、そして、４０００万円以上あれば45％になる。つまり、所得が低ければ5％程度の税率が、所得が拡大していけば最大45％にまで上昇する。

デフレの場合、多くの人が所得が下がり、したがって、税率が下がれば下がるほど、**「自動的」**に減税され、所得税による所得の下落を緩和し、それを通して、家計の消費の拡大がもたらされ、貨幣循環量を拡大させる。逆にインフレの場合には税率が上がり、それを通して貨幣循環量の拡大を抑止する。

このように、税率が自動的に変わること

で、インフレ率の変動を自動的に抑止し、安定化させる機能は一般に、**「ビルトイン・スタビライザー」（自動安定化装置）**と呼ばれる。

このビルトイン・スタビライザー機能は、法人税にも埋め込まれている。

そもそも、法人税は、売り上げ全体ではなく「利益」に対してかかる。したがって、それぞれの企業にとってみれば、景気が良くて黒字になっていれば法人税を支払う必要があるものの、景気が悪く赤字経営となっている場合には、法人税の支払いを免除されるわけである。つまり、所得税と同様に法人税も、景気の動向によって（日本の場合には）20％前後から０％へと「自動的」に変化する。これもまた、デフレ期にはデフレ圧力を自動的に軽減することになる。

したがって、「貨幣循環量」調整を目指す場合、高額所得者の税率を引き上げ、低額所得者の税率を引き下げることで所得税の累進性をさらに拡大しておくことが得策である。同様に、法人税についても、低い利益しか上げていない企業の税率を引き下げ、より大きな利益を上げた企業の法人税率を引き上げることで、法人税の累進性を強化し、ビルトイン・スタビライザー機能を強化しておくことが得策である。

消費税率をインフレ率の長期水準に連動させる

所得税・法人税に見られるビルトイン・スタビライザー機能が存在しないのが、「消費税」である。消費税は、市場におけるマネーの循環そのものに対する徴税であるから、**貨幣循環量を直接的、かつ、効果的に調整**するものとして機能する。したがって、貨幣循環量の拡大が求められるデフレ期においては減税あるいは撤廃し、貨幣循環量の抑制が求められるインフレ期においては増税することが得策となる。つまり、消費税は税率を「インフレ率」に連動させる形で調整すれば、(必ずしもビルトインされているわけではないが) スタビライザーとして消費税を活用することが可能となる。

実際、カナダでは、1990年までは「付加価値税」(日本で言う消費税) が導入されていなかったが、**80年代後半はインフレ率は4%を超えていた**。こうした状況の中、**1991年に付加価値税を7%で導入したところ、90年代のインフレ率はおおよそ2%を下回る水準に抑制された**。一方で、**景気後退局面に入った2006年7月に、付加価値税は6%、2008年1月に5%へと引き下げられた**。

あるいは、**イギリス**においても、1991年から17・5%であった付加価値税を、サブプライム危機を受けて2008年12月から2009年12月まで**15%に引き下げているし、マレーシアでは、物品・サービス税を、かつて4〜5%程度の水準にあったインフレ率が1〜2%程度にまで下落していた2018年に「廃止」**している。こうした各国政府の振る舞いは、消費税をスタビライザーとして活用したものである。

ただし、こうした消費税の税率は、政治的プロセスで決定されるもので、法人税や所得税のように自動的にスタビライザー機能が発揮されるものではない。実際、日本はカナダやイギリス、マレーシアとは逆に、バブルが崩壊してインフレ率が低迷していた1997年に消費税率を3%から5%へと増税し、デフレに苛まれていた2014年に5%から8%へと増税している。しかも、そんな増税のせいで消費が低迷し賃金も低迷し、景気後退局面に明確に入ってしまっている(本書出版時にあたる)2019年10月には、驚くべきことにさらに10%にまで税率が引き上げられている。こうした税率の変更は、政治プロセスの中で決定されたものである。言うまでもなく、こうした増税は、縮小していた貨幣循環量をさらに縮小させ、愚かにも**デフレ不況を加速**させた。この日本の事例は、消費税の税率を政治プロセスに依存させておくことには、なすべき対策とは「逆」の不条理な政治判断が下されてしまう危険性をはらむことを示している。

カナダやイギリス、マレーシアのように、適切な政治判断が下されることもあるわけだが、日本のような不適切な政治判断が下される危険性を低減させる方法としては、**消費税率をインフレ率に連動する形で調整するという方針を、法的に決定しておく**というものがある。具体的には「インフレ率の二カ年平均が4％を超過すれば、消費税率を引き上げる」「インフレ率の二カ年平均が2％を下回れば、消費税率を引き下げる」等の方針である。その際の調整率については、例えば、日本については、3％、5％、8％、10％という段階を想定し、二カ年毎に必要であれば段階を一つずつ調整していくという方法が考えられよう。日本の政治における理性的な議論を心から祈念したい。

「就労・賃金保証」プログラムもまた、「貨幣循環量」調整策として機能する

こうしてビルトイン・スタビライザー機能を導入する形で税を制度設計することで、貨幣循環量の自動的な調整が可能となるが、先にも述べた**「就労・賃金保証」プログラムにも、「貨**

幣循環量」についてのビルトイン・スタビライザーの機能がある。

なぜなら、政府が「最低賃金」で就労可能な雇用を一定数提供し続けておけば、デフレ下では（それがない場合に比べて）下落する賃金を「引き上げる」機能を発揮するからである。そしてその一方で、インフレ下では（それがない場合に比べて）賃金引き上げ競争に加担しないで「最低賃金」での就労機会を提供し続けることを通して、過剰な賃金の高騰に歯止めをかける機能を発揮するからである。

つまり「就労・賃金保証」プログラムは、デフレ下ではデフレ圧力を軽減し、インフレ下ではインフレ圧力を軽減するわけで、それらを通して「貨幣循環量」を自動的に調整する機能を発揮するのである。

なお、「就労・賃金保証」プログラムを運用するには、一体どの産業のどういう職種で、就労機会を創出するのかを検討する必要があり、したがって、上述した「ワイズ・スペンディング」が基本となるということは、先に指摘した通りである。この点については、本書第5章でより具体的に論ずる。

「財政政策」と「金融政策」の組み合わせこそ、「貨幣循環量」調整策の基本となる

以上はいずれも、インフレ率が高くなりすぎないように、そして逆に低くなりすぎないように、適切な水準で推移するようにするための様々な「スタビライザー＝安定化装置」であるが、先に挙げた所得税、法人税、消費税はいずれもいわゆる「税政策」である一方、最後に述べた「就労・賃金保証」プログラムは政府支出を伴ういわゆる「財政政策」である。ただし、税政策は財政の「収入」に関わるもので、いわゆる財政政策は財政の「支出」に関わるものである。だから両者は方向こそ違えど、いずれも**広義の「財政政策」**だと言える。

いずれにせよ、以上に述べたビルトイン・スタビライザーの議論は「制度設計」の話だが、こうした自動的な調整機能だけでインフレ率が適切な水準以内に収まるとは限らない。

したがって、インフレ率を適正に調整するためには、長期的な視点から適切な制度を設計しておいた上で、短期的な視点で、状況を見ながら、貨幣循環量を調整していくことも必要である。

その際の基本的な政策は、**「財政政策」**と**「金融政策」**、すなわち、**「財政金融政策」**だ。財政政策とは、「政府がオカネを支出する」という政策であり、金融政策とは「政府がオカネを貸す」という政策だ。その主体は、財政政策については政府であり、金融政策については中央銀行（日本の場合は日本銀行）である。したがって、財政政策は**直接的**な調整策であり、金融政策は**間接的**な調整策である。それ故、より効果的なインフレ調整策は、金融政策というよりも財政政策だ、ということになる、という点は先に詳しく指摘した通りだ。

なお、言うまでもなく、財政金融政策は貨幣循環量が少ないデフレ状況の場合は**「緩和」**的に対応し、貨幣循環量が多いインフレ状況の場合は**「引き締め」**的に対応するのが基本だ。

「金融政策」とは、金利の調整を通して間接的に貨幣循環量の調整を図るものである

まず、「金融政策」におけるもっとも代表的な方策は、**「公定歩合の調整」**である。公定歩合とは、中央銀行が民間銀行に資金を貸すときの利子率（金利）のことである。そもそも、

中央銀行は、「銀行の銀行」であり、民間銀行にオカネを貸し付ける銀行だ。公定歩合とは、その銀行へ貸し付ける際の金利を言うのであり、これを高く設定すれば、今度は、銀行が民間企業等に貸し付けるときの金利も高くなる。そして、銀行からオカネを借りる際の金利が高くなれば、民間企業は当然、あまりオカネを借りなくなり、投資水準も低下してしまう。あるいは、民間企業が銀行にオカネを預けるインセンティブが上昇し、手持ちの資金を使わずに預金に回す傾向が強まり、結果として投資水準が低下する。その結果、貨幣循環量は縮小することになる。つまり、**公定歩合を高く設定すれば**、民間企業はあまりオカネを借りて使おうとはしなくなり、結果的に、**貨幣循環量を間接的に抑制する**ことができるのである。

一方、逆に公定歩合を低く設定すれば、銀行からオカネを借りる際の金利が低くなり、その結果、民間企業がオカネを借りやすくなり（そしてそれと同時に、預金を預け続けておくインセンティブが低下し）、投資が活性化することになる。そうして**貨幣循環量を間接的に拡大させる**こととなる（なお、こうした現象は、経済学では一般にIS曲線と呼ばれるもので表現されている）。

これ以外にも、**「公開市場操作」**という金融政策もある。これは、一般企業や個人も参加する公開（オープン）の金融市場で、**既に流通している国債等の債券を売買するオペレーション**である。これを通して、国債や債券の市場における金利の水準を操作することが可能となる。つまり、中央銀行が、金融市場の国債を大量に購入すれば（一般に、**買いオペレーション**

と言われる)、金利は低下していく。そうなると、民間企業は、国債を所持していても儲からなくなるので、国債を所持し続けるインセンティブが低下し、国債を売って、現金化し、投資に回す傾向が強まることとなる。あるいは、国債金利が低ければ、民間企業は手持ち資金を、国債の購入に回そうとは思わなくなり、その結果として、そのまま投資等に回す可能性が上昇する。つまり、**中央銀行が買いオペレーションを行えば、国債等の金利が下がり**、その結果、資金が「投資」へと回る傾向が高まり、その帰結として、**貨幣循環量が拡大する**ことが期待されるのである。

その一方で、中央銀行が所持している国債を金融市場で大量に売りだす、という(一般に、**売りオペレーション**と呼ばれる)操作を行えば、今度は逆に**金利は上昇**し、上記とは逆のプロセスを経て、**貨幣循環量が縮小する**。

この他にも、「預金準備率操作」を通して、貨幣循環量の調整を図るアプローチもある。これは、銀行が中央銀行に預けておかなければならない預金の水準を調整するというもので、この水準を高めておけば、銀行が貸し出すことができる金額を抑制し、金融の「引き締め」を図ることができる。

いずれにしても、金融政策とは、民間がオカネを借りやすくしたり**(金融緩和)**、借りにくくしたりして**(金融引き締め)**、貨幣循環量を間接的に調整しようとするものなのである。そして、その主たる手段が、中央銀行による公定歩合の調整や買いオペ／売りオペを通して「金利」を調整するという方法なのである。

「金融政策」を通して「貨幣循環量」「インフレ率」が調整できるメカニズム

この方法を図式的に示すと、図3のようになる（この図には、後ほど解説する財政政策がもたらす影響についても図示している）。

まず、私たちの経済は、（金融市場に対応する）**「金融経済」**と、（財市場と労働市場に対応する）**「実体経済」**とで構成されている。金融経済では、様々な金融商品（国債・公債、社債、銀行預金等）が売買されている一方、実体経済では実際の財やサービス、そして、労働が売買されている。

それぞれの市場にマネーを投下すると利益が得られる。金融経済では、利息で稼いだり、売り買いした差額等で稼ぐことができる。その利益率、つまり一年などの一定期間の間に、何パーセントの利益を生み出すかという割合の全体平均値は、一般に、**「資本収益率」**と呼

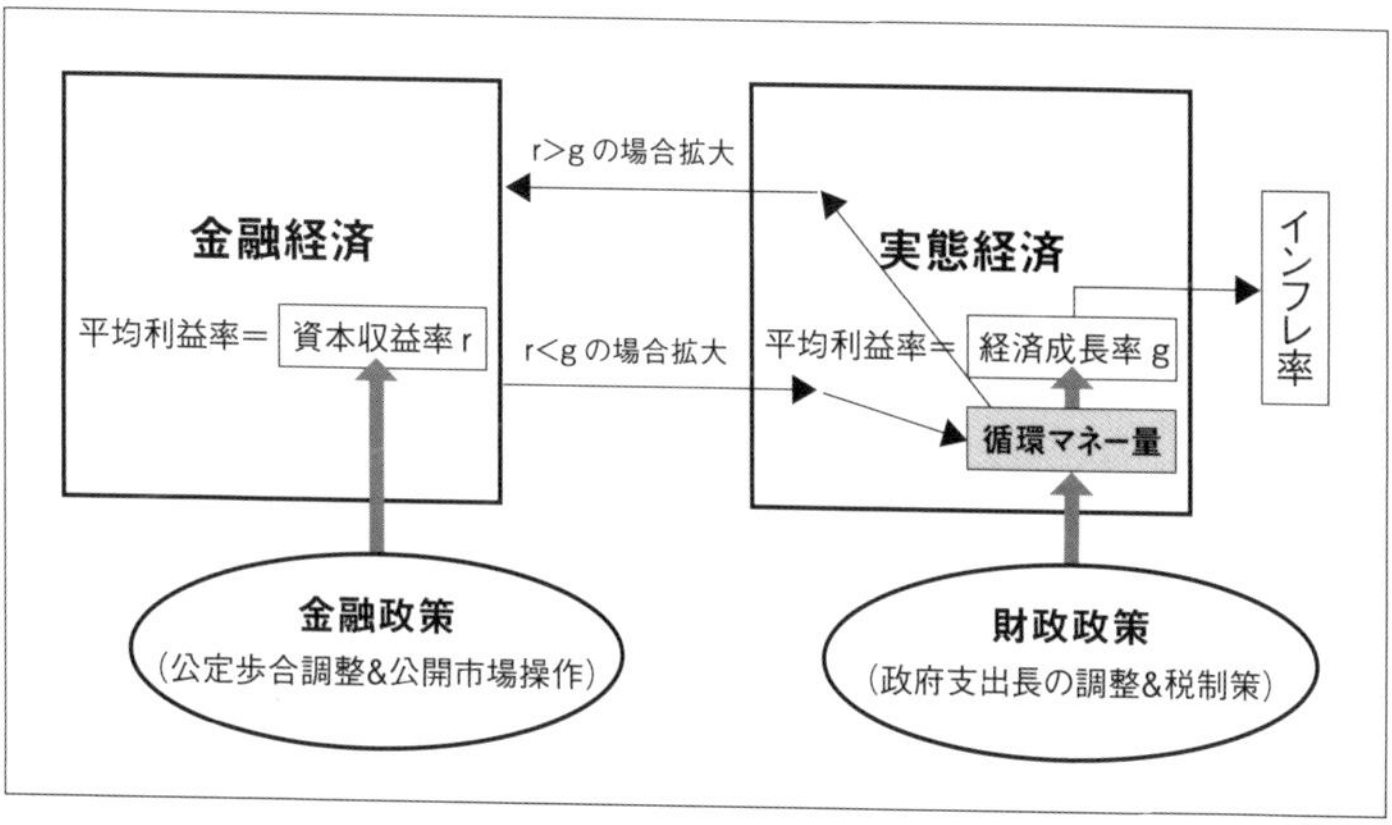

※なお、この図では割愛しているが、金利とGDPとの間にはいわゆるIS-LM分析で想定される「GDP（貨幣循環量）が拡大すると（資金需要が活性化するため）金利（資本収益率）が上昇する」という関係がある。

図3　金融経済と実体経済との間のマネーの流れ、ならびに、金融政策・財政政策

ばれている。そして、この資本収益率（数式では一般に「r」と表記される）は、金利に依存しており、そして、その金利は、中央銀行の金融政策によって変化する。

一方、実体経済では、実際の各種ビジネスを通して利益が得られる。そうしたビジネスの利益率の全体平均値は、**「経済成長率」**と言われる（数式では一般に**「g」**と表記される）。この経済成長率は、「貨幣循環量」に依存している。そして、経済成長率が高ければ一般にインフレ率は高くなり、低ければインフレ率は下落する（つまり、**貨幣循環量が経済成長率を決定付け、その経済成長率がインフレ率を決定付ける**）。

さて、金融経済にどれだけ多くのマネーが存在していたとしても、実際にそこから

引き出され、投資や消費の形で使われなければ、貨幣循環量は拡大しない。（銀行等の金融機関を含む）金融経済におけるマネーは、引き出された上で、投資・消費が行われた時にはじめて、実体経済における「マネー循環」に供給されることになる。

そういうマネーの供給は、経済成長率の方が資本収益率よりも高ければ高いほど、つまり「r＜g」であればあるほどに、拡大していくことになる。なぜなら、「マネーの所有者」にしてみればそのマネーを金融経済においておけば資本収益率rの割合で利益が得られ、実体経済においておけば経済成長率gの割合で利益が得られる以上、経済成長率gの方が大きければ、実体経済にマネー注入する方が「得」だと判断されるからである。

逆に、「r＞g」の場合、つまり、資本収益率の方が経済成長率よりも高い場合には、金融経済にマネーを注入する方がより大きな利益が得られるため、実体経済から金融経済にマネーが注入されることになる。

かくして、金融経済の資本収益率rが上がれば貨幣循環量が縮小し、インフレ率が低下する一方、逆もまた然りなのである。そして、その資本収益率rは金融政策に依存しているわけで、したがって、これらを全て総合して考えると、金融政策で金利を上げれば、インフレ率は低下し、金融政策で金利を下げれば、インフレ率は上昇するわけである。

以上が、金融政策でもって、インフレ率を調整できる基本的なメカニズムである。

なお、以上の議論は必ずしもMMTにおいてのみ論じられている議論ではなく、極めてオーソドックスなものである。ただし、MMTにおいては「貨幣循環量の拡大と縮小」や「財政政策と金利の関係」についての現実社会における実際の制度・プロセスを想定しつつ、財政政策、金融政策の総合効果を論ずるところが、MMT以前の経済理論と大きく異なっている。その点については、次章にて詳しく論ずることとする。

「財政政策」を通した直接的な「貨幣循環量」の調整

このように、金融政策を通して貨幣循環量をある程度調整することもできるのだが、それが「間接的」なものであるが故に、自ずと「限界」がある。

なぜなら、「金利」は基本的に「ゼロ」が下限値であり（マイナス金利政策があるが、そのマイナスもどこまでも下げられる訳ではない）、どれだけ公定歩合を操作しても、買いオペレーションをどれだけ繰り返しても、経済成長率が低ければ、貨幣循環量を拡大させることができきない、というケースもある。今の日本はまさにその状況にあり、銀行の貸し出し金利も国債の金利もほぼゼロに近い水準であるのに、民間は銀行から積極的にオカネを借りようとはせず、投資も拡大していかない状況にある。こういう状況はまさに「デフレ」と呼ばれる状況なのだが、こうした状況では、金融政策は、状況改善にさして大きな効果を生まない。

ただし、こうした「金融政策が有効でなくなる局面」においても、政府が投資や消費を拡大すれば、貨幣循環量を「直接」拡大することができる。

これが**「財政政策」**である。

財政政策が金融政策よりもインフレ率をより強力に調整しうるのには、以下の二つの理由がある。

第一に、金融政策と異なり財政政策は、「直接」的に貨幣循環量を調整することができるため、デフレであってもインフレであっても、如何なる状況下でも、インフレ率をより細かく調整可能となる。

第二に、デフレ状況下で財政支出を拡大し、経済成長率gを強制的に向上させることができれば、経済成長率が資本収益率rを上回ることとなり、その結果、金融経済から実体経済にマネーが「自動的」に流入し、政府支出の拡大がなくとも貨幣循環量が「自動的」に拡大し、インフレ率が**「自動的」**に上昇していくこととなる。デフレ下での財政政策は、直接的にインフレ率を上昇させる効果を持つのみならず、rとgの大小関係を変えることでマネーの流動方向を「逆転」させ、市場のメカニズムを通してインフレ率が自動的に上昇する状況を導く、いわば**「呼び水」**としての機能もある。

「財政政策」による、インフレ率上昇状況をつくる「呼び水」機能

ただし、そうした「呼び水」としての財政政策には、十分な支出額が必要である。なぜなら、財政支出額が不十分で、金融経済における利益率の方が高い「r＞g」の関係が変わらなければ、相変わらず実体経済から金融経済にマネーが流出し続け、インフレ率は一向に上がっていかないからだ。だから、金融経済よりも実体経済の方が「稼げる」という「r＜g」の関係が成立する程度に十分な金額の財政政策があれば、金融経済から実体経済へとマネーが流入し続ける状況を創出することができるのである。

これはつまり、いわゆる「デフレ」脱却のためには、**人々のデフレマインドが払拭できる**

程度の期間（例えば、2、3年）だけ、一時的に、**十分な金額の財政政策**を行うことが必要だ、ということに対応している。

その「十分な金額」がどの程度なのかといえば、それは、「（デフレから）インフレになるにあたって、不足している需要量」に相当する分である。そして、その「不足している需要量」とはすなわち、デフレギャップと呼ばれるもので、当該のマーケットが持っている「供給」力から、その時点での「需要」量を差し引いた水準である。なお、インフレ率0％でなくて2％程度を目指すのなら、供給を幾分上回る需要が必要であるから、デフレギャップを幾分上回る水準の財政支出が必要となる（なお、こうした需要が供給を上回る経済状態は一般に**「高圧経済」**と呼ばれる）。

一方、「人々のデフレマインドが払拭できる程度の期間」というのは、政府支出の追加がなくても消費・投資が拡大していくようになるまでの期間である。状況によってその期間は異なるが、長いデフレの後には長い期間が必要となるものと考えられる。ちなみに今の日本は20年以上に及ぶデフレを経験しており、少なくとも、2、3年は必要であると考えられる（なお、19年10月の10％への消費増税の影響を加味するなら、その年次は、5～6年程度は必要だということになる）。

「財政政策」の拡大／縮小を如何にして実現するか

ＭＭＴは、以上のような理由でもって、デフレにおいてはデフレ脱却までの間は十分な財政支出の拡大が必要だと主張するわけだが、こうしたＭＭＴの主張に対してしばしば差し向けられるのが、「インフレ抑制のための支出調整など、政治的には無理だ」という批判だという点は、既に第2章で詳しく論じたとおりだ。詳しくは第2章を再び確認願えればと思うが、15兆円程度の数か年の政府支出の一時的な拡大を行ったところで、それ以後、その支出を縮小させられなくなる——などという事態はこの緊縮思想がはびこった我が国日本で万に一つもあり得ない。それでもなお不安があるというのなら、その支出拡大を緊急経済対策だと位置づけ、デフレ脱却を確認した上で終了すると、予め政治的に決定しておけば事足りるだけの話だ。

ただし、数か年といえども、10兆円から15兆円もの規模で政府支出を急激に拡大し、それらを全て合理的に使用する**「ワイズ・スペンディング」**を目指すのは、必ずしも容易ではない。

こうした点を考えるなら、それぞれの投資分野ごとに「長期投資計画」を、例えば10年で完了させるという見通しで立案しておく一方、支出拡大が求められる時期には、その計画を**前倒し**し、例えば5年で完了するスピードで支出額を拡大する。一方で、支出の縮小が求められる時期には、その計画を**後ろ倒し**して例えば15年で完了するスピードで支出額を縮小させる。こうしておけば、支出額はその時々の状況にあわせて柔軟に調整できるものの、支出項目については、長期的な視点から予め策定してあることから、無駄な支出を排除した上で、かしこく支出するワイズ・スペンディングが可能となるわけである。

なお、「就労・賃金保証」プログラムをどの産業で展開するかの検討の際、こうした長期投資計画と連動させておくことで、より効果的な政策展開が可能となる。すなわち、投資計画と「就労・賃金保証」プログラムを連動させておけば、(1) 連動貨幣循環量を調整し、(2) 投資を長期的、計画的な視点からの効率化できると同時に、(3) 完全雇用と最低賃金を上昇させることも可能となり、そして、(4) 政府が拡大・高度化すべきだと考える産業をさらに拡大・高度化することも可能となるからである。

ところでこの「就労・賃金保証」プログラムの導入に加えて、所得税や法人税を強化し、消費増税をインフレ率に連動させる仕組み等の「税制改革」を通して「自動安定化装置」(ビルトインスタビライザー) を強化しておけば、インフレ率も安定的に推移することが期待され、今日のような15兆円もの補正予算を数か年継続すべきだ、という事それ自体を回避できることとなろう。すなわち、しっかりとしたビルトインスタビライザー機能を明確に意図した制度設計を行っておけば、インフレ率調整の「最後の砦」である、一般会計／補正予算等の「真水」の政府支出の増減に依存する度合いそのものを軽減することが可能となるのである。

というよりむしろ、一般会計や補正予算の増減を通して無理やり最後の「帳尻」を合わせるようなインフレ率調整アプローチより、ビルトインスタビライザーを駆使して可能な限り経済を安定的に成長させる環境を構築する方が、より容易にインフレ率調整が可能となると言うこともできよう。

市場環境政策：構造・貿易・移民政策を通したインフレ率調整

以上、インフレ率調整方法の中でも、とりわけ政府のオペレーションを通して供給マネー量を調整する「財政金融政策」について論じたが、その一方で、民間の経済活動のインフラや仕組み等の「市場環境」を調整することでより間接的に供給マネー量を調整するのが**「市場環境政策」**である。

その代表的な対策が、**構造政策、貿易政策、移民政策**の三者である。

これらはいずれも「需要」すなわち「貨幣循環量」を直接操作しようとするのではなく、「供給」の増減を通してインフレ率を操作すると同時に、国内の企業収益や国民の賃金を間接的に増減させ、それらを通して「貨幣循環量」にも影響を及ぼそうとする種類の取り組みである。

貨幣循環量が過少となるデフレ状況では、貿易政策については**「保護貿易」**を、構造政策については**「規制緩和の抑止」**あるいは逆の**「規制強化」**を推進すれば、国内マーケットで、国内外の大企業の供給力が拡大・進出することを抑止でき、その結果として、「過当競争」によって価格が下落することが避けられ、デフレ圧力が減ぜられることとなる。そうなると、賃金下落に歯止めが利き、それを通して国民の消費や投資を活性化し、「貨幣循環量」が拡大することになる（ただし、現状の規制や貿易制度が、雇用と賃金を著しく抑圧している国では、規制緩和は逆の効果をもたらすが、現在の日本のように、経済大国として成長し、国内に巨大な産業を抱えている国家においては、規制緩和はやはり雇用と賃金の下落を導くのである）。それと同時に、保護貿易や規制強化で、外国企業や国内大企業等が国内の各地域の市場に自由にアクセスできなくなり、各地の需要を奪い取る傾向を縮減でき、それが直接的に貨幣循環量の下落を抑止する、すなわち、貨幣循環量を拡大させることになる。

一方、移民政策については、**「移民抑制」**を図ることで、労働市場への外国人労働力の「供給」を低下させ、日本人の賃金の下落を食い止めると同時に、（必ずしも国内で消費・投資するとは限らない）外国人労働者に賃金が奪い取られる傾向を弱める。これらを通して、貨幣循環量の拡大が導かれることとなる。

例えば今の日本は、完全なデフレ状況にあり、したがって、国内のマーケットをいたずらに開放していくのではなく、保護貿易や規制強化、そして、移民抑制を通して、**既存の産業や雇用、そして賃金を「守っていく」姿勢が大切**なのである。なお、今の安倍内閣は、デフレ経済であるにもかかわらず、こうしたデフレを緩和するためになすべき貿易・構造・移民政策とは「正反対」の取り組みを過激に加速させているのが実情だ。極めて遺憾と言う他ない。

一方で、逆に過剰なインフレ状況下では、以上とは正反対の取り組みが有効となる。そもそもインフレ状況とは供給が不足しており、したがって、物価が過剰に上昇していく状況であるから、まずは、不足している供給力を増強するために、貿易政策においては**自由貿易を促進して外国企業の日本への進出を「許容」**し、構造政策においては規制を緩和し、**大企業の全国各地への進出を「許容」**し、移民政策においても外国人労働者の日本の労働市場への流入を（社会的費用が拡大しない程度に）「許容」し、過剰インフレを抑止していくことを目指すわけである。そうすることで、貨幣循環量が増加する**「加速度」を抑制**していくことが可能となる。なお、こうした自由化の取り組みは、余りにやり過ぎると、加速度のみならず「速度」までも抑制され、貨幣循環量が縮小していくことともなる。それはまさにデフレであるため、過剰な自由化を行わないよう、慎重に進める必要がある。

悪性インフレ対策：エネルギー・物流コストを縮減するインフラ整備と消費減税

以上が、貨幣循環量が縮小していくことを避けつつ、過剰に拡大していくことも避け、緩やかに安定的に拡大していく**「マイルドなインフレ」**を目指すための対策のあらましだ。ただし、以上の取り組みをより円滑に進めるための市場環境整備がある。

それが、**「悪性インフレ」**対策である。

インフレの中でも、そのインフレによって「労働者の賃金」が上昇していくタイプのインフレは、良質なインフレだ。なぜなら、インフレの進行に伴って国民が豊かになっていくからだ。一方で、労働者の賃金の上昇には繋がらないタイプのインフレは、悪質なインフレだ。例えば、オイルショックによる**石油価格の高騰**や、貿易コストの高騰に伴うあらゆる**輸入価格の高騰**、そして、**消費増税等**の「外生的な要因」によって物価が引き上げられた場合、そのインフレは、賃金の上昇には繋がらない。だからそんなインフレは、ただ単に「コスト」が上がるだけであり、全国民の実質上の所得は上がらず、むしろ、その分、「引き下げられる」ことになる。つまり、こうしたインフレは、単なる貧困化圧力をもたらすだけであり、したがって「悪性インフレ」と言われるのである。

しかも、デフレの状況下で「悪性インフレ」要素があれば、人々はさらなる貧困化に苛まれることになる。それにもかかわらず、物価は見た目の上では上昇していくことになり、いわゆる「スタグフレーション」という状況になる。

一方、「インフレ」状況下で「悪性インフレ」要素が存在していれば、インフレ率が過剰に高い水準になってしまうリスクが高まる。その結果、実質的な所得が下落することになり、やはり、いわゆる「インフレ不況」「スタグフレーション」に陥るリスクが高くなる。

もちろん、貨幣循環量が多すぎ、それを縮減することが必要な場合、消費税率を上げるなどして、意図的に「悪性インフレ」を引き起こし、それを通して中長期的なインフレ率を引き下げていくという（いわゆる、毒を薬として活用するような）方法も考えられる。しかし、消費税率が景気と連動せずに固定されていたり、物流コストや輸入品の価格が高止まりし、状況に応じて変化させることができなければ、その悪性インフレ要素は、単に実質所得を引き下げる効果しかなく、その毒を薬として活用することができず、単なる毒として残存し続けることとなる。

したがって、輸入品や消費税等の、国民所得に繋がらない悪性インフレ要因は、可能な限り縮小、ないしは、除去していくことが得策だ。ついてはその対策の概要について簡潔に論じておこう。

まず、「消費増税による強制的な物価引き上げ」によってもたらされる悪性インフレの悪影響はもちろん、**消費「減税」**を行えば消滅する。その結果、実質賃金は上昇し、消費がさらに拡大していく好循環が生み出されることになる。

「輸入資源・エネルギー価格の上昇」によってもたらされる悪性インフレは、「輸入資源・エネルギー価格の引き下げ」に向けた各種の努力によって縮減できる。

今の日本では、原発を停止したため、石油や天然ガスなどの輸入エネルギーの割合が上昇し、それが、電力料金の上昇を導き、それによる悪性インフレ圧力が生み出されている。したがって、エネルギー政策の一般的な議論は一旦脇におくとしても、少なくとも悪性インフレ対策という視点から言うなら、**原発再稼働**は良好な帰結をもたらす。

あるいは、**資源・エネルギーの輸入オプションを多様化**しておくことも、その価格を引き下げる重要な方策となる。なぜなら、オプションの多様化は、価格交渉力の増強を意味するからである。そのためにも、中東各国等の資源輸出国との外交を維持、拡大しておくことは重要であるし、近隣の資源輸出国との間の地理的な可能な区間に**天然ガスパイプライン**の整備等を図ることも一案として考えられる。

なお、天然ガスパイプラインを活用すれば、天然ガスの輸入コストが**3割程度縮減**できると言われており、それ自体で、悪性インフレの抑制効果が見られる。

さらには、海外との貿易コストの低減は、悪性インフレ対策における根幹的な取り組みとなる。最も一般的な対策は、世界最大規模の**超大型コンテナ船が寄港可能な18メーターの水深のコンテナふ頭を整備**しておくことだ。今のところ、ようやく横浜にその規模のコンテナふ頭が整備されたが、それができるまでは、世界最大規模の大型コンテナ船が日本に寄港する港が一つもなかったのである。そのせいで、世界の貿易の主流になりつつあるヨーロッパやアメリカとの間を結ぶ大型のコンテナ船は、外国の釜山や上海などで一旦、小型のコンテナ船に貨物を積み替えて日本に持ってくることが必要であった。だから、日本の貿易における物流コストは割高となっていたのである。横浜でようやく一つ整備されたが、大阪や名古屋ではまだ未整備だ。それらの整備もまた、それぞれの地域の悪性インフレの縮小に寄与することになる。
物流コストについていえば、**国内の輸送の大半を占めるトラック輸送のコスト縮減**も重要だ。そもそも日本の高速道路網は、保有自動車あたりの整備延長がG7の中で最も「短く」、かつ、平均的な車線数も「細い」ものとなっている。その結果、平均速度もG7中最低の水準にあり、したがって、国内の輸送コストが、G7の中でもとりわけ「高い」水準となってしまっている。そんな中で、混雑を緩和する高速道路整備は、より効果的に物流コストを引き下げる意味を持つ。とりわけ、日本有数の混雑地域が多数存在する**三大都市圏における道路投資**は、悪性インフレ対策に重大な意味を持っている。

以上に述べた各種対策は、消費税はもちろんのこと、エネルギーや交通インフラ対策などのいずれもが、悪性インフレ対策であり、物価は引き下がるものの、賃金や失業率に悪影響をもたらすよりもむしろ良好な影響をもたらすものなのである。したがってそれらはいずれも、スタグフレーションの場合はもちろんのこと、デフレであってもインフレであっても持続的に取り組むべき課題ばかりである。だからそれらの対策は、インフレ率調整に向けた財政政策、金融政策の政府の負担を軽減し、インフレ率調整をより円滑にするものなのである。

したがって、以上の「悪性インフレ」を縮減する取り組みはいずれも、長期投資計画を立て、「就労・賃金保証」プログラムの対象とするにふさわしいものだと言うこともできるのである。

第3章のまとめ

この章では、MMTの2大政策である「就労・賃金保証」プログラムと「貨幣循環量」調整のあらましを論じた。

その根幹にあるのは、日本の財務省が認めている公式見解でもある**「日・米など先進国の自国通貨建て国債のデフォルトは考えられない」**という「事実」に基づいて、一体どうすれば国民の幸福の増進に寄与できるのかを考える、というものであった。

そもそもMMTは、理論的には、「日・米など先進国の自国通貨建て国債のデフォルトは考えられない」という話を、学術的に明らかにするものである。そうした議論はどちらかと言えば、**「MMTの現象分析論」**と言えるだろうが、本章で述べた「就労・賃金保証」プログラムや「貨幣循環量」調整というのは、その現象分析論に基づいて展開される**「MMTの政策論」**であった。

その前者の「現象分析論」は、いわばイデオロギー・フリーなものであり、単に客観的に現象を記述するだけであるが、ここで論じた「政策論」は、そのMMTの現象分析論がなければ成立し得ないものだ。なぜなら、もしも、国債を大量に刷って、その後、政府がデフォルト（破綻）するようなことがあれば、任意の最低賃金での就労を**「保証」することが不可能となる**からである。同様に、政府にデフォルトのリスクがあるなら、政府の財政政策を調整することでインフレ率を特定の水準に収めることを**「保証」することもまた不可能となる**からである。

つまり、ここで述べた「就労・賃金保証」プログラムも、「貨幣循環量」調整策も、MMTの現象分析において、政府が国債を発行することでデフォルトしないという前提がなければ、展開し得ないものなのである。したがって、ここで論じた政策論は、これまでのケインズ経済学やポストケインズ経済学で論じられたものをほとんど踏襲するものではあるが、「政府は自国通貨建ての債券ではデフォルトしない」という前提があるが故に、より踏み込んだ政策論が展開可能だという点に、MMTならではの特徴があったのである。そしてそれ故に、MMTの政策論では、これまでの経済理論に基づいて提案されてきた政策よりも、より柔軟に、多様な対策を展開しているのである。

したがって、「インフレ率の調整」においても、これまでの経済理論よりも**より豊富な「ツールボックス」**が提供されている。

MMTを批判する人々の多くは、政府がそれだけ豊かな「ツールボックス」を持っていることが目に映っていないのだ。**しっかりと目を見開けば**、私たち国民は、その豊かなツールボックスを縦横無尽に活用しながら、安定的に成長する経済を、国民の力でもって、政府を活用しながら作り上げられるのである。

ただし、しっかりと目を見開くためには——本書でこれまで十分には論じてこなかった**「MMTの現象分析論」**に踏み込むことがより重要となるだろう。

ついては本書ではいよいよ、MMTの根幹とも言える「貨幣とは何か?」についてじっくりと考える議論に立ち入ることとしよう。

第4章

現代国家の「貨幣」とは何か？

前章までは、MMTの「政策的」「実践的」側面を中心に論じてきたが、その全ての出発点は、財務省が公式文書で明記している、

「日・米など先進国の自国通貨建て国債のデフォルトは考えられない」

という「事実」であった。

これがあるからこそ、就労を保証しつつ、最低賃金を保証し、適切なインフレ水準に至るまで政府支出を拡大することが可能となるのだが、もしも、政府にデフォルト、つまり、債務不履行＝破綻のリスクがあるなら、必ずしも政府は、就労や指定賃金、適切なインフレ水準を「保証」するまで支出を拡大することが可能だとは言えなくなり、以上の議論が**全て瓦解する**ことになる。

だから、ここで重要となるのは、なぜ、財務省はここまで強く、「デフォルトは考えられない」と断定しているのか、という点である。その理由に正当なる根拠がなければ、以上のMMTの政策論もまた、正当なものではないとなるからだ。

この点について、その簡潔な回答は以下の一点だ。

それは、**日本やアメリカのような現代の国家においては、「円」や「ドル」といった政府**

が定めた「国家貨幣」は、（中央銀行と中央政府を合わせた広義の）政府の意思によって任意に創出できるからなのである。

つまり、円というものは、日本政府が任意に作り出すものなのだから、人から円を借りてそれが返せなくなるという事態が、起こり得る筈はないのである。

では、円を作るとは何なのか、そして、政府が作った円を人々はなぜ使い続け、円以外の貨幣がなぜ幅広く流通していかないのか——これらの問いに正確に答えない限り、政府が任意に万人が使用する貨幣を創出できる根拠が明確には見えてこない。

ついては本章ではまず、この点を明らかにするところから、MMTの現象分析論をはじめたいと思う。

二つの異なる貨幣観：「商品貨幣」説vs「貨幣国定」説（あるいは、金属主義vs表券主義）

我々は日常的に使っているオカネを、とても価値のあるものだと思っている。あの一万円札を持っていけば、いろんなものが買えるし、人に何かお礼をしたりお詫びをしたりするときに強力な効果を発揮する。だから皆、オカネを単なる「紙切れ」以上の大切なものとして扱っている。

だから我々はオカネがまるで、それ自身に価値があるモノであるかのように見なしがちだ。言い換えるなら、私たちは、オカネをそれ自体に価値のある「商品」のようなものと素朴に認識しているわけだ。

しかし、オカネそのものが価値がある商品だ、というイメージが通用しない世界は、容易に想像することができる。

例えばもしも日本国家が滅んでしまえば、その一万円札は瞬く間に単なる紙屑となる。ドルにしても、300年前にタイムトリップすれば、どこに行っても単なる紙屑だ。

つまり一万円札や一ドル札は、米や薬等のように、それ自体に内在的な価値がある商品ではない。だから、オカネは、様々な商品の**「引換券」**に過ぎず、**その引き換えを保証する社会の仕組みがなければ、役に立たなくなる**のである。

それではなぜ、円やドルが、それぞれの国でそこまで強力に広範に機能するのかと言えば――これについて二つの考え方がある。

その一つが、**「金属主義」**であり、もう一つが**「表券主義」**である。

金属主義とは、**「貨幣は、それ自身に価値ありと見なされる『金《きん》』や『銀』等の貴金属との交換が保証されているから、価値が宿る」**という考え方だ。つまり、貨幣は、その価値が「金《きん》」に裏打ちされているが故に、あらゆるものと交換が可能なのだと考えるわけである。

一般的な金属主義者達は、金貨や銀貨など、「貴金属が本来の貨幣」だったのだが、取引の煩雑さを軽減するために歴史の中で徐々に、貴金属の代わりに紙幣を使うようになってきた、と考える。つまり金属主義は、貨幣はそもそも、商品として内在的な価値のある貴金属であったと考えるもので、その発想は、先に述べた素朴な商品貨幣の考え方に基づいている。したがって、しばしば**「商品貨幣説」**とも言われている。

この金属主義、ないしは商品貨幣説は、我々の「オカネはとても価値あるモノだ」という素朴なイメージに近い。だから、長い歴史の中で、学者の世界でもこの金属主義がずっと採用され続けてきた。その源流は古くはアリストテレスに辿ることができ、経済学の始祖であるアダム・スミスやその後のリカード等を経て、今日の近代的な経済学にも直接多大な影響をもたらし続けている。

しかもかつては、各国の貨幣制度それ自身も、この「金属主義＝商品貨幣説」の考え方に調和するようなものであった。多くの国々が**「金本位制」**の貨幣制度を導入していたからだ。

金本位制とは、「金《きん》」こそが貨幣の「正体」だが、普段それを持ち歩いて買い物をするのも不便だということで、金《きん》といつでも交換（兌換《だかん》）できるものとして、各国がそれぞれ貨幣を発行する制度のことだ。そうした貨幣は一般に**「兌換紙幣」**と言われる。日本でも、明治半ばから兌換紙幣である「日本銀行兌換銀券」が発行されていた。

しかし、そうした「兌換紙幣」の時代は、世界大恐慌を機に、例えば日本では昭和初期（1931年）に終わりを告げる。そして、金との交換が保証されていない貨幣である「不換紙幣」が発行されるようになった。

この時点で、私たちの素朴な貨幣観とは裏腹に、貨幣の金属主義＝商品貨幣説を信じ続けることが困難となったのである。

そこで注目を浴びるようになっていった貨幣観が、**「表券主義」**である。

「表券主義」とは、「引換券」としての貨幣の価値は「金との兌換」によって保証されているのではなく、「国家」によって保証されているものと考える考え方である。したがって、表券主義の貨幣説は、**「貨幣国定説」**とも言われている。

この考え方の代表的論者は、20世紀初頭に『貨幣国定学説』を出版したドイツ歴史学派のゲオルク・フリードリヒ・クナップであり、この説は今日のＭＭＴ＝現代貨幣論の重要な原点の一つとなっている。

円やドルは、それぞれ日本政府、アメリカ政府が法的に定めた貨幣であり、したがって、それぞれの国の力が及ぶ範囲において、通用すると考えるわけだ。だから、先に想像したように、日本国家が消滅すれば円は使えなくなるし、アメリカ政府が存在していない数百年前ならば、どこにいっても現在の米ドルは単なる紙屑に過ぎない、ということになる。

如何にして、国家が貨幣の価値を保証しているのか？　税と国定貨幣の本質的関係

では、国家は如何にして、貨幣の価値を「保証」しているのか？

この点について、多くの人々がまずイメージするのが、権力を有した国家が「法律」でこれが価値のあるモノだと定めたからだというものだ。つまり、円やドルは、それが「法定通貨」であるが故に、その価値が保証されていると考えるわけだ。しかし、**権力を持つ国家が法律で定めたからといって、それでいきなり価値が宿るとは考えられない**。

例えば、どこかの市、例えば大阪市が条例でいきなり、「今日から我が市は、大阪円を使うことにする」と定めたからといっても、大阪市民は日本円を使い続けるだろう。大阪円な

るもの以外を貨幣の決済に使えば罰を与える、という条例を作ろうとしたとしても、人々はそんな条例に激しく反発し、到底制定することなどできなくなるだろう。

同じことが日本国政府についても言える。「今日から日本では、円以外の『新円』を使うことが可能だ」という法律を通したとしても、人々は「新円」を使うメリットなどどこにもなく、結局、円を使い続けるに相違ない。

だから、**ただ単に「法律」で定めたからと言って、その貨幣が国定貨幣化するわけではない**。法律に多少書かれたからというだけでは、誰もそんなものを**「欲しがる」**ことはないからだ。

逆に、最近いろいろな地域で使用されている「地域通貨」は、法律で定められてはいないものの、一部の人々に使われている。あるいは、昨今話題の「仮想通貨」もまた、法定通貨ではないが、一部の人々に使われている。

これらの地域通貨や仮想通貨（電子通貨）は、それらの通貨を**「欲しがる」**人々がいる限りにおいて、成立する。そしてそのためには、その通貨で「買えるモノ」があり、かつ、それを「その通貨で買いたい」という欲求を持つことが必要だ。電子通貨の場合には、その電子通貨でしか買えないものがある（あるいは、その電子通貨で買う方がより容易となる）ことが、その電子通貨を「欲しがる」理由となる。あるいは、地域通貨の場合は、その地域通貨でしか買えない（あるいは、より容易に買える）モノがあればもちろんのこと、その地域通貨を流通させることが地域を活性化させるという期待があれば、その地域通貨を「欲しがる」理由となる。

ただし、そんな理由で電子通貨を欲しがる人がいるとしても、全く関心を持たない人もいる。地域通貨にしても、地域活性化に特に関心を示さない人も数多くいる。したがって、電子通貨や地域通貨が、今日の円やドルと同程度に、あらゆる場所で流通していくようになる未来は、**到底考えられない**。

だとすれば、円やドルが成立している理由、人々が円やドルを強烈に「欲しがる」理由は一体何なのだろうか？

その根幹に位置する理由が、**「税金の支払いに使える」**ということなのである。

日本国内にいる限り、好むと好まざるとにかかわらず、万人が日本政府に対して「税金」を支払わなければならない。何人たりとも、政府の徴税行為からは逃れられないのだ。

よくよく考えてみれば、この**「政府に対する税金の支払い」以上に、万人が避けられない支払い行為というものはない**。買い物にせよ外食にせよ、特定の商店やレストランを使わねばならない理由などない。気に入らなければ、別の店やレストランを使えばよいのである。

しかし、税金だけは、「別の政府」等ないのだから、逃れられないのである。

その逃れられない支払いにおいて、「政府への税は、円で支払え」と定められてしまえば、その徴税対象とされている個人や法人の「全て」に、円の入手が義務付けられることになる。

そうなれば、電力会社も鉄道会社も外食産業も電機メーカーも皆、「円」を使って商売を始めるようになり、労働者への支払いもまた「円」を使うようになるのだ。

ここに、徴税と切り離された地域通貨や仮想通貨、さらには、徴税と切り離された法定通貨などがいずれも、その流通が限定化してしまう一方で、徴税と接続した円やドルの流通が支配的になっていく根源的理由がある。

逆に言うなら、どのような通貨であっても、特定の政府が、「徴税」と結びつける政治決定を下せば、その通貨の流通は一気に拡大し、支配的なものとなっていくのである。

「オカネ＝貨幣」とは「紙幣・硬貨＝現金」だけではない。「銀行預金」もオカネ＝貨幣である

以上の議論を通して、オカネというものは、それ自身に価値があるわけでもなく、それが何か価値ある「商品」（例えば貴金属）と交換できるから価値があるわけでもない一方、政府に対する納税において使用が義務付けられているが故に、価値あるものと見なされているのだ、という**「真実」**をご理解いただけたものと思う。別の言い方をするなら、**オカネの価値は「徴税権」という国家権力によって付与されたもの**なのである。

ところで、以上では、オカネ＝貨幣というものを特に定義せず、漠然とオカネと呼んで議論してきたが、ここでオカネと呼んでいるものが一体何なのかを改めて確認しておきたいと思う。

まずオカネとして誰もが思い描くのが、「紙幣」であり「硬貨」だ。つまり「現金」と呼ばれるものだ。

しかし実は、オカネには、紙幣や硬貨などの現金以外の形もある。

それが、「銀行預金」だ。

つまり、我々が日常的にオカネ＝貨幣と呼んでいるものは、実は「現金」のみならず「預金」という形のものもあるのである。

一般に、現金というオカネは**「現金通貨」「現金貨幣」**、銀行預金というオカネは**「預金通貨」「預金貨幣」**等と呼ばれている。

もちろん、銀行預金は、銀行に行けばいつでも現金に換えることができる。しかし、我々は、オカネを使うとき、いつも現金に換えなければならない、というわけではない。クレジットカードや電子マネーを使えば、現金を引き落とさずに、単なる銀行の預金通帳の数字の操作だけで、買い物をすることができる。あるいは、サラリーマンの給料は、昔は給料袋に入れた札束を持って帰ってくるものだったが、今ではその大半が銀行口座への振り込みになっている。だから、我々のオカネの取引は、実はその多くの部分が現金というオカネではなく、「銀行預金というオカネ」つまり預金貨幣・預金通貨の取引で成り立っているわけである。

万年筆マネー：オカネは「借りる」ことで作られる

私たちは、消費者、労働者として暮らしている限り、「稼いだオカネ」を「使う」という行為を日々繰り返している。だから私たちは、オカネというものはもともとそこに「ある」ものであって、ちょうど山でキノコ狩りをして、それをもってかえって家で食べるように、どこかに「ある」オカネを、働いたりあるいは時にもらったりして入手して、それを「使う」というものだと素朴に信じている。

だからこそ、多くの人々は、オカネを商品のようなものと捉える「商品貨幣論」を素朴に信じているわけである。

一方で、多くの人々は、どうやら中央銀行（日本なら日本銀行）が、輪転機を持っていて、そこでオカネを印刷しているという話を何となく認識している。だから、彼らは「オカネというものは、日本銀行だけが作ることができて、そこで作られたものが、僕たちのところにも巡り巡ってやってきているのだろう」という素朴なイメージを持っている。つまり多くの人々はやはり、**商品貨幣論に基づいて、日本銀行が、工場で製品を作るように、商品として**

のオカネを日々作り出しているというイメージを持っているわけだ（いわゆる金融緩和でデフレ脱却ができると主張する人々は、実はこうしたイメージで経済政策を論じてきたわけだ）。

しかし、こうした素朴なイメージは**完全に間違い**だ。

オカネというものは、刷ってできるものではない。

オカネというものは、実は、人が人から借りることで、つまり、「貸借関係」を取り結ぶことで、できるものなのだ。

ここで、この点を明らかにするために、1円のオカネも所持していない、無一文の銀行を考えてみよう。そんな銀行でも実は、オカネを貸す能力があるのである！（実際は法的な規制のために、無一文の銀行はオカネを貸すことは禁止されているのだが、そうした規制さえなければ、その銀行は、いくらでもオカネを貸し付けることができるのだ）。だから、あなたがその銀行に行って、1００万円貸してくださいと依頼すれば、その銀行はあなたに1００万円を貸し付けることができるのである。

もちろんそれは、1００万円の札束をあなたに渡すのではない。あなたの銀行口座に、「1００万円」と**書き込む**ことで、あなたに貸し付けるのである。

その結果あなたは、この１００万円の預金を使って、クレジットカードの支払いを済ませることも、あるいは、政府への税金を支払うことも可能となるわけだ。

つまり、あなたが銀行から借りるという行為を通して、逆に言うなら、銀行があなたに貸し付けるという行為を通して、**「１００万円」という「銀行預金」を、何もないところから生み出したのである！**　言わば、**あなたと銀行が１００万円を貸し借りする貸借関係を取り結んだという事態が、１００万円というオカネを生み出した**のである。

なお、ＭＭＴを巡る諸議論においては、こうして生み出されるオカネのことを**「万年筆マネー」**と呼んでいる。つまり、銀行員が銀行で、あなたの預金通帳に万年筆で数字を書き込むことで生み出されるオカネのことを万年筆マネーと呼ぶのである。

商品貨幣論から信用貨幣論へ

ところで、銀行があなたのことを全く信用していなかったとしたら、銀行はあなたの通帳に１００万円と書き込むようなことはしないだろう。あなたが１００万円を借りることができるのは、銀行があなたのことを「100万円を貸しても、後で返してくれるだろう」と**信用**しているからである。

つまり、貸し借りを通して100万円を「無から生み出す」ためには、貸し借りを成立させる「信用」がそこに存在していることが必要なのである。

つまり、**「信頼ある社会的関係が貨幣を創造する」**わけである。

なお、金融業界の関係者の間ではこうして貨幣が作り上げられていくプロセスは完全なる**「常識」**として知られていて、だから、彼らは一般に、貸し借りを通してオカネが生み出されていくプロセスを**「信用創造」**と呼称している。つまり、万年筆マネーの存在は、MMTにおける特殊な議論なのではなく、金融業界では常識なのである。

ところで、以上に論じた信用創造プロセスが真実である以上、多くの一般の人々（さらには、多くの主流派の経済学者）が素朴に信じている「商品貨幣論」は、オカネの本質を言い当てることに失敗しているのである。確かに一見、オカネはそれ自身に価値がある「商品」のように機能している。しかし、それは一旦、**「作り出された後」**の話であって、それが**「作り出される現場」**においては、決して「商品」として製造されているのではない。貨幣は**信用に裏打ちされた「貸借関係」によって創造される**ものなのであり、だから、この「事実」に基づく貨幣論は一般に**「信用貨幣論」**と呼ばれている。

オカネとは「負債の記録」である。だから、オカネを返した途端に、オカネは「消える」

こうして、オカネは、「銀行から借りる」という行為を通して、万年筆マネーの要領で作り上げられる。これはすなわち、**オカネというものが「負債の記録」であることを意味している。**ちなみに、負債というのは、言い換えれば（負債者の）**「支払い義務」**であるから、負債者は、貸しのある者（債権者）の命令に従う義務を持つ。

ここで、あなたが10万円を銀行から借り、あなたの通帳に銀行が10万円と書き込んだ場合を考えてみよう。

この時、あなたは、10万円の借用証書を銀行に書いて渡しているわけだが、それと引き替えにあなたは、10万円の**「資産」**を得たことになる。

だからあなたはこの銀行通帳の10万円を好きにする権利を持っている。つまり銀行は、あなたに10万円を支払う義務を負っている。あなたは銀行窓口に行って銀行に「この10万円の銀行預金を一万円札10枚に交換せよ！」と命じたり、「この私の10万円の資産を、政府に税金として支払え！」と命ずることができる。そして銀行は、この命令に唯々《いい》諾々《だくだく》と従わねばならない。つまり、あなたは、10万円の借用証書を銀行に書いて渡したことと引き替えに、**「銀行があなたに対して10万円分の『負債』を負っているという状態」を作り上げた**わけだ。そんな（10万円分の）**「負債の記録」**こそが、（10万円分の）**「預金貨幣の意味」**なのである。逆に言うなら、**その10万円の「預金貨幣」は、「銀行があなたに10万円分の負債を負っているというデータ（記録）」**なのである。

　さて、預金貨幣は、「銀行による負債の記録」であり、その金額と同額の「借用証書」に裏打ちされて存在する。したがって、あなたが10万円を銀行に返したとき、銀行はその借用証書を廃棄するが、それと同時に、あなたの「10万円の預金貨幣」もまた、なくなる。

　つまり、**「借りる」ことで生み出されたオカネは、「返す」ことで、この世から消えてなくなるのである**。そもそも貨幣・オカネというものが「負債の記録」として存在していたのだから、あなたが返済してその負債がなくなった途端に、この世から消えてなくなるのも当たり前なのだ。言い換えるなら、オカネというものはそもそも「誰かが誰かに借りている」という「貸借関係」が存在する場合においてのみ存在するのだから、その関係が消え去ればもちろん、オカネそのものも消え去るのである。そもそも、負債の記録であるオカネは「負債関係の記録」なのである。

「現金」とは、「国家の負債」である

ところで、心理学的に言えば、我々の「現金」というものに対する**信頼**は大きい。銀行の預金は、「単なる数字」であるが、それを「現金」と交換することができると皆が信じているから、そんな銀行預金の数字もまた価値あるものと見なされている。もしも、それが保証されていなければ、その数字は単なる数字であって、何の価値もない、ということになる。

だから、**預金通貨の価値は、現金によって裏付けられている**のである。

一方で、その**現金の価値の裏付けは、それが納税に使用できるという事実によって裏付けられている**、というのは先に述べたとおりだ。「あの一万円札」に価値が宿っているのは、日本国政府が、納税時にそれを使うことを義務付けており、いわゆる**「納税クーポン券」**として活用できるが故に、日本に納税義務を負う人々（すなわち、日本国民）の間で価値あるも

のとして共有認知されているからである。

ところで、そんな「納税クーポン券」に価値がある理由は、言うまでもなく国家の徴税権が実体的な強制力として存在しているからだ。つまり、国家が税金を支払うことを義務付け、そして、その義務を果たさない個人がいれば、「脱税」の罪で、国家の警察権力を使って刑事罰を加えることができる体制があるからである。

つまり国民は、その国に住み続けることの対価として、その**納税義務を負う**ことを許容しているのである。

つまり国民は、そこに住むということ自体で、**国家に対して「借り」「負債」**を負わされるのである（別の言い方をするなら、国民は国家に対して**「恩」**があるという言い方もできる）。そしてその「借り」「負債」は「納税」によって「返す」ことができるのである（恩というなら国民は、納税を通して国家に「恩返し」ができるのである）。

だから国家は、その「国民は国家に借りがある」という状態を活用して、国民に対して、このように言うのである。


「ここに〝円〟というものがある。これを用意してあげるから、今後は、あなたの私に対する借り（＝納税義務）は、これで返しなさい」

こうして、国家が現金というものを価値あるものとして創出し、国民に流通させたのである（その具体的な方法が「スペンディング・ファースト」なのだが、それについては後に述べよう）。
このようにして現金＝円が日本の中で流通しているのであるが、その価値は納税によって裏付けられているという議論を振り返れば、**「現金＝円」の本質は「国家の負債」なのだ、という真実が見えてくる。**
なぜなら、国民は、その国に住むだけで国家に対して「負債」があり、この**「国民の負債」を相殺する＝帳消しにする**ことができるのは**「国家の負債」**だけだからだ。
すなわち、

「国民の国家に対する負債（＝借り）」

を**帳消し**にするためには、

「国民の国家に対するマイナスの負債（＝マイナスの借り）」

が必要なのであり、それは、

「国民の国家に対する貸し」

とも言い換えることができるし、

「国家の国民に対する負債（＝借り）」

と言い換えることもできるのである。

そしてこれこそが、**「現金」の正体**なのだ。

あの一万円札は、「国家が国民に対して（税金にして）一万円分の借りがある、という記録」として、世間に流通しているのである。だから、あなたがその一万円を資産として財布に持っているなら、それによってあなたは「国家に対する一万円分の貸しがある」状態になれるのである。だからあなたはそれを通して、政府があなたに課する納税義務を、一万円分帳消しにすることができるのである。

スペンディング・ファースト：政府支出は租税に基づくのではない

銀行預金は、現金なくして価値あるものになれない。

そして、現金は政府が提供しなければ、流通しない。

だから、**この世の中に現金が存在するのは、政府が一番初めに現金を支出したからだ、と**

いう真実が浮かび上がる。

多くの国民は、政府の支出は、国民から集めた税金に基づくものであると漠然と認識しているこ とだろう。しかし、実態は、政府は「国民から集めた税金を使っている」のではなく、税金とは無関係に、まず、支出しているのである。

この真実を表現する言葉が、**「スペンディング・ファースト」**だ。つまり**(政府の)「支出が最初」**なのである。

このスペンディング・ファーストは、「歴史上初めて円が流通し始めた」というまさにそのタイミングのみならず、毎年毎年の政府支出のプロセスにも通用する概念だ。

皮切りに、「歴史上のスペンディング・ファースト」について解説しよう。

世の中に円が全く存在しない時代に、ある日突然、政府が(政府の事実上の子会社である)日本銀行に命ずる形で現金を印刷する。そして公共事業を行い、その対価として円を支払ったり、役人を雇って彼らに公務員給料を支払ったりする。

これはつまり、「(国民に)公共事業をやってもらう」「(国民に)公務をやってもらう」ということによって生じた、政府の国民に対する「借り」を、円を支払うことで帳消しにするという話だ。ちなみに「政府が円を国民に支払う」とは「政府の負債(円)を、国民に供与する」という話だ。

ただし政府は、「公共事業や公務員の労働の対価」として「円を支給する」という手続きをわざわざ経ずとも、ただたんに**国民に円を配布するという支出（スペンディング）方法**もある。ちなみに円は「納税クーポン券」なのだから、これをばらまくということはつまり、**納税義務を免罪**してやることを意味する。

ここで「国民に納税義務がある」ということは、国民は政府に対して「恩」があるということだという議論を思い起こしてほしい。そうだとすると、こうやって納税クーポン券としての円をばらまくという行為は、**「恩赦」**（国民が支払うべき恩を、赦してやる、ということ）をすることだと言うこともできる。

いずれにせよ、こうやって政府が「円の給付」（という恩赦）や、公共事業・公務員給与などを通して日本国民に円を供与したことで**はじめて**、人々がその円を使って納税したり、国民同士の売買や貸し借りにその円を活用する、ということが可能となったのである。

次に、今日でもなお、毎年行われている、「スペンディング・ファースト」について解説しよう。繰り返しになるけれども、多くの国民は、政府に支払う税金を財務省がとりまとめて、そのオカネを使っていろいろな政府支出を行っている——と思っているが、実態はそうではない。

政府はまず何十兆円という資金を、**（国庫短期証券という）国債を通して調達**し、その上でそれを一般会計と称して支出していく。だから**政府は、一円の税金も使わずに、銀行にて、その時点で信用創造された万年筆マネーだけを使って様々な事業を行い、公務員給与を支払ったりしている**のである。つまり政府は毎年毎年、**スペンディング・ファースト**を繰り返しているのである（なお、この国庫短期証券は、日銀の直接引き受けも可能である。つまり、今日の日本においても、後に述べる、ヘリコプターマネーやＯＭＦと呼ばれる政府支出が現実的に行われているのである）。

では納税したオカネがどうなるのかと言えば――それは、**消える**のである。

そもそも、「貨幣」とは「国家の負債」、つまり、「国家が国民に対して借りがあるという記録」であった。「納税」というものは、国民にしてみれば、「国家の借りを、国家に返してやる」ことと引き換えに「納税義務を果たしたことにする」ことをいう。つまり、（納税という）国民の借りと、（貨幣という）国家の借りとを突き合わせ、両者の借りを消滅させるのである。だから、納税すれば、国民の納税義務が（その分）消滅すると同時に、国家の負債である貨幣もまた、消滅するのである。

「円」は確かに「国家の負債」である。しかし返済期限は「無期限」である

多くの国民は、税収で集めたオカネと、国債を発行して調達したオカネを足し合わせて、それで政府支出をしている、と認識している。だから、その国債を発行した分は「政府の赤字」であり、「政府の借金だ」と素朴に考えている。

しかし、上記のスペンディング・ファーストという現実を考えれば、そうした認識は完璧なる誤解であることが見えてくる。

例えば、ある時、政府が100兆円の円を創出し、それを使ったとしよう。一方で、ほぼ時を同じくして60兆円の税収を得て、60兆円という貨幣を消滅させたとしよう。

そうすると、国民の手元には40兆円の貨幣が残る。

この40兆円の貨幣は、確かに、国民の国家に対する「貸し」であり、国家の国民に対する「借り」(負債)だ。

しかし、その40兆円の貨幣には、**どこにも返済期日など書かれてはいない**。仮にそれらが

現金通貨だと考えたとすれば、その一枚一枚は確かに国家の負債ではあったとしても、いつまでに政府はその負債を解消しなければならないとは書いていないのだ。

ここが、一般的な「借金」という概念と全く違う点なのだ。

あらゆる借金は、1年後だとか10年後だとかに返さなければならない。借用証書には、返済期日が記載されている。だから、借りた方は、その返済期限までに何とかオカネを稼ぐなりなんなりして、借りた金額を用意して、返済しなければならない。

ところがもしも、その借用証書に、返済期限が記載されていなければどうなるだろうか。それはつまり、その貸借関係が、「返済はいつでもいいよ。来年返してもらってもいいし、何十年、何百年、何千年と返さなくてもいいし、ホント、返済はいつでもいいんだよ」というものであることを意味している。

つまりそれは、いわゆる「借金」とは到底言えない代物なのである。

では、それが「借金」でないとするなら、一体何と呼べばよいのかと言えば――**それこそ「貨幣」**なのである！　その**40兆円の政府の負債は、「40兆円の貨幣」「40兆円のオカネ」**と呼ぶ他ない代物なのである！

実際、我々はあの一万円札を「これは政府の我々に対する借用証書だから、政府に何かをさせる命令書だ」とは誰も考えてはいない。皆、あの一万円札を、素朴に「オカネ」と考えている。つまり、**「納税に使える返済期限のない、国家の借用証書」を、我々は貨幣＝オカネと呼んでいる**のである。

そして人々は、その貨幣という借用証書を、そこに返済期限が記載されていないが故に、返済期限のことなど気にせずに自由気ままに使うことができるのである。

もちろん、その借用証書の一番基本的な使い方は、「納税」である。

ただし、それは別に納税でなくても、買い物の時にどこにいっても自由に使える。なぜなら、皆がその貨幣を**「欲しがる」**ようになるからだ。

すなわち、第一義的には、日本国内では基本的に全員が納税の義務を持つが故にその借用証書（貨幣）を「欲しがる」ようになる、というのは繰り返し指摘した通りだが、それだけではない。

第二義的には、その借用証書（貨幣）を手に入れるために、「これを提供するからその借用証書（貨幣）をくれ」というビジネスを始めようとする人や、「働くからその借用証書（貨幣）をくれ」と働こうとする人も出てくる。つまり、政府が納税義務を課し、そして特定貨幣での納税を義務付けることで、「カネを稼ぐ」ための労働やビジネスを強烈に誘発することが可能となる。そこまでくると今度は、「消費者」達（あるいは、「投資者」達）は自分の欲しいモノやサービスを「購入」するためにその借用証書（貨幣）を**「欲しがる」**ようになり、ビジネスをしようとする人々は労働者を「雇用」するために、その借用証書（貨幣）を**「欲しがる」**ようになる。

こうして特定の借用証書＝貨幣による納税を義務付けるだけで、あらゆる人々が納税者、消費者、雇用者という立場で特定の借用証書（貨幣）を欲しがるようになるわけだが、そこまでくれば、それがそもそも「納税のための借用証書」であったという第一義的な意味が主観的には忘れ去られてしまい、それがまるで買い物や雇用のために必要な「商品」のようなものとして認識されてしまうようになっていく。そして、**買い物や雇用のための「オカネ」は、納税に「も」使えるという、表層的な認識が形成されていく**ようになる。

これこそ、今日の現代国家の姿だ。

つまり、特定貨幣を納税に使えるようにすることの**波及効果は絶大**なのだ。その絶大さは、そもそもの第一義的な意味を忘却せしめるほどに凄まじいものなのである。

このようにして、日本では円、アメリカではドルという「借用証書」が日々の売買に活用されていくようになるわけだが、そうなるのは、それが「納税」に活用できるから、であると同時に、その借用証書に**「返済期限」が記載されていない**からだ、という点も重要な要件だ。その点も改めて指摘しておこう。なぜなら、返済期限がないが故に、その借用証書を使うタイミングを気にせずに、自由気ままにあらゆる売買に使っていくことができるからである。

貨幣を巡る巨大なマッチポンプ：国家は国民に対する庇護という「貸し」を、貨幣という「負債」発行によって相殺している

ところで、通常の負債には返済期限が明示されるにもかかわらず、この貨幣という国家と国民の間の負債に返済期限が明示されていないのは、一体なぜなのだろうか——？

通常、返済期限が明示されるのは、貸し出している間、貸しているモノが使えないことで何らかの**「損失」が生ずるから**である（一般にそれは、機会費用と呼ばれる）。だから、貸している側が、その損失に永遠に苦しめられ続けることを回避するために、**返済期限**が設けられる（そして、その間に金利を払うことで、その損失を埋め合わせるように契約する）。

しかし、「貨幣」という負債については、**それによって国民が被る損失は何もない**。そもそも、国家が貨幣を発行したからといって、国民の資産は何も減りはしないからだ。貨幣の発行とは、文字通り**「無償」でなされるもの**なのである。

通常の負債は、「貸し手の資産を借り手に渡す」ところから始まる。だから、貸し手は資

産が減るという損失があるのだが、貨幣という負債は、「借り手（政府）の負債を、貸し手（国民）に渡す」ところから始まるのであって、貸し手（国民）の資産は目減りはしない。というよりむしろ、国民の資産が「増える」ことになる。だから政府は、たくさんの貨幣を発行することを通して、**「国民に対する自分の負債を、自分の手で勝手に、膨らませる」**のであり、それを通して、**「国民の資産を拡大」**しているのである。この負債の拡大において国民は損失ではなく利益を得るのであって、したがって、損失を被る政府側が返済期限など要らぬと言えば、国民側が「返済期限」を設けてほしいと主張するはずもないのである。

ではなぜ、国家はそのような、**「恩賜的」**とも言えることをするのかと言えば、国家と国民の間の「貸し借り」関係を成立させるためなのである。

そもそも国家は国民に対して、あらゆる安全を保証してやり、インフラや基礎教育を提供してやり、衛生や治安や芸術や文化を提供してやっている。つまり、地政学的、防災的、社会秩序的、経済的、文化的な**あらゆる意味で「国家は国民を守っている・庇護している」**わけであり、だから国民が国民でい続ける限り、**国家に対して巨大な「借り」、あるいは巨大な「負債」「恩」がある**状況にある。

したがって国民は、国民として生き続ける限り、国家に対してその借り＝負債＝恩を、返し続けなければならない。

この国民の国家に対する巨大な「借り＝負債＝恩」を、どうやって返してもらうようにするのか——この問題に対して、近代国家が編み出した方法が、次のような方法だ。

（1）国家が、「無期限の負債」としての貨幣を発行し、自らの負債を拡大する（＝**国民の資産を拡大する**）。

（2）国家が、国民にその貨幣を使った「納税」を義務付ける。

つまり近代国家は、自ら「負債」を作り出し、それを国民に（資産として）保有させ、それを政府に納めさせる（納税させる）ことで、国民に対する巨大な「貸し」を消滅させていく、というアプローチで、国民と国家の間の貸借関係を形成したのである。

いわば政府は、様々な行政手段を使って国民を「庇護」してやることで生み出した「貸し」（債権）を、自ら作り出した「負債」を国民にバラマキ、それを納めさせることで滅殺させる、という**「壮大なマッチポンプ」**を行っているのである。

この**「国家による貸し借りの壮大なマッチポンプ」こそ、現代貨幣理論が暴き出した、現代国家の真実の姿**なのだ。

そして、この貨幣を巡るマッチポンプシステムのおかげで、近代国家は大きく発展することになった。このシステム故に、国民と国家の間の関係が強化され、国民国家という一つの巨大な共同体の有機性が大きく発展するに至ったのである。

第一に、国民は貨幣を稼ぐ必要があるから、その国家の経済システムの中で旺盛に労働するようになり、これが国家経済を活性化した。

そして第二に、国家は、国民が納税義務を果たすことを当然だと見なす水準以上の「庇護」を与えなければ存立しなくなるため、国民への行政サービスの水準を向上させ、これが国民国家の活動水準をさらに向上させるに至った。言うまでもなく、このプロセスは、多くの近代国民国家が導入した「民主主義」のプロセスを通してさらに加速した。

こうして、**貨幣があるが故に、国民は国家のためにますます旺盛に働く一方、国家は国民のための行政を高度化し、両者の共同作業が活性化し、国民国家が大きく発展していく**のである。

なぜ、日本政府には破綻（＝債務不履行）がないのか？

以上の貨幣を巡る「マッチポンプ」の存在を明確に意識すれば、政府が自国通貨建ての負債で破綻することなどあり得ない、ということがいとも容易く見えてくる。

まず、「貨幣」という国家の負債には、**返済期限など存在していない**のであり、したがって**事実上、返済義務がない**。だから当然、「債務不履行」（借りたものが返せなくなる、という事態）に陥る筈などない。それ故「貨幣という負債」がどれだけ膨らんでも政府が破綻することはあり得ないのだ。

以上の説明だけで政府が破綻し得ない根拠を十分にご理解いただけるものと思うが、別の言い方をすれば、次のように言うこともできる。

そもそも、巨大な「貸し」があるのは国民ではなく国家の方なのだ。もとより国民という存在は国家なくして存立し得ないのだから、その「恩」は計り知れない。言い換えるなら、そこに国家があり国民がいる限り、国民は国家に永遠に（一定水準の）「納税」をし続けなければならないわけであって、したがって国家の国民に対する恩＝債権（貸し）の総量は、（時間的に累積すれば）「無制限」に巨大だと言う他ないのだ。

だから、仮に数百兆円や数千兆円もの負債を国家が負ったとしても、「国家の貸し」の総量の方が圧倒的に大きいのであり、その負債のために「破綻」するということは、原理的にあり得ないのである。

「国債」を媒介した政府資金調達：最もシンプルな「国債の日銀直接引き受け」

以上が、「国民と国家の間の、貨幣を巡る貸借関係」のあらましだ。

ただし、以上の議論には、実務的にしばしば取り沙汰される**「国債」**の議論が含まれていない。国債は、以上に述べた貸借関係を実務的に運用するために用いられるものなのだが、「国家の破綻」を巡る言説においては、この国債による累積債務が取り沙汰されるのが一般的だ。

もちろん国債を含めて議論を展開しても、以上の国家と国民の間の貸借関係は本質的に何も変わらない。ただしここでは、国債という存在を導入した上で近代国家における現実の貨幣を巡る流通プロセスをより詳しく述べ、それを通してさらに「国家の破綻があり得ない」という点を、改めて確認していくこととしよう。

まず、国債の存在を理解するためには、これまで政府と一言で呼んできた存在を**「統合政府」**と呼称しつつ、それをあえて**「政府」と「中央銀行」とに分離**して考える必要がある。

そう分離して考えた場合、「円」は「日本銀行券」であり、その発行元は、日本銀行（という一政府部門）だということになる。

日本銀行は、「銀行の銀行」であり、各銀行は日本銀行の中に、口座を持っている。その口座に入っている預金は**「日銀当座預金」**と呼ばれる。これはちょうど、我々が普通の銀行に「口座」を持っており、その中に「預金」があるというのと同じだ。だから、銀行は（一定の法律の規制の下で）この日銀当座預金を引き出して現金に換えたり、銀行同士の支払いなどに使ったりすることができる。そして、政府もまた、日本銀行に口座を持っている。

以上を前提とした時、**政府の資金調達についての最もシンプルな方法は、日銀が政府に資金を直接融資する、というプロセス**だと解説することができる。

これはしばしば**「日銀直接引き受け」**と呼ばれたり**「ヘリコプターマネー」**と呼ばれたりするものだが、そうしたケースでは、日銀は政府から借用証書を書いてもらい、それと引き替えに、政府の日銀当座預金に、その金額を書き込む、という取引を行う。つまり、**日銀は**

政府に対して「万年筆マネー」を発行するわけである。

この**借用証書こそ、「国債」**と呼ばれるものである（なお、実際にはいわゆる国債とは異なる国庫短期証券のケースもあるが、以下では説明の便宜のため、国庫短期証券も含めて国債と呼称することとする）。

ところでこのケースにおいては一応、「日銀が政府にカネを貸している」という**体裁**にはなっているものの、上述のように、政府と日銀が統合政府で同じ存在なのだから、結局は、ただ単にその統合政府が、「貨幣を作り出し、それを使う」というスペンディング・ファーストを行っているに過ぎない（なお、ＭＭＴではしばしば、政府が直接資金を創出して支出するというプロセスがＯＭＦ＝Overt Monetary Financing と呼ばれているが、それは上記プロセスに対応するものである）。

「銀行の国債購入」とは、「日銀当座預金」という政府負債を「国債」という政府負債に振り替えるだけの話である

以上、国債の日銀直接引き受けのプロセスを概説したが、今日、一般的なのは、一般の「銀行」から資金を調達するという方法である。以下このプロセスを「10億円」の政府資金調達を想定しつつ概説することとしよう。

この場合、政府はまず、10億円の国債を発行し、これを国債市場で売りに出す。そうすると、それを購入することを決めた銀行は、その国債を入手すると同時に、日銀の中の自分の口座にある10億円の日銀当座預金を、政府の日銀内の口座に振り込む。

こうして、「銀行の日銀当座預金」が「政府の日銀当座預金」に振り替えられる。

なお、銀行にしてみればこれは、**10億円の日銀当座預金を10億円の国債に振り替えた**という操作に等しい。つまり**「国債の購入」とは、「銀行の資産の形態を『日銀当座預金』から『国債』に振り替える」**ことを意味しているわけである。

だから**国債の購入は決して、銀行が持っているカネを政府に貸すという話ではない**のであ

る。

そもそも**日銀当座預金もまた、それが「貨幣」である以上「政府の負債」**だからだ。だから国債の購入というものは、銀行が既に持っている**「政府の負債」の形式を日銀当座預金から国債へと変換する操作**に過ぎないのである。

ちなみに両者で何が異なるのかと言えば、「国債は、利用期限（つまり、償還期限）が限られていると同時に、金利がある（あるいはより高い）」という点だが、そうした相違はあってもなお、双方とも「政府の負債」であり「金融資産」であることには変わりない。

ところで今日、黒田日銀は、大型の金融緩和を続けているが、その主なオペレーションは、銀行が保有している国債の購入だ。このオペレーションを行えば、先に説明した「国債の直接日銀引き受け」と全く同じ状況が創出されることになる。

そもそも、日銀が10億円の国債を銀行から購入するというのは、「資産として日銀が『国債』を保有するようになると同時に、銀行の日銀当座預金の口座に10億円を追加する」ということを意味する。したがって銀行にとってみれば、国債を購入する時に国債に変換した日銀当座預金10億円が、国債を手放すことで戻ってくる、ということになるわけである。

かくして、日銀が国債を買い取れば、銀行は国債を購入する前の状態に戻る、という次第だ。その結果、以下のような「日銀の国債直接引き受け」で生じた状態と全く同じ状態になるわけである。

政府：「資産」において、日銀当座預金が10億円増加。
「負債」において、「累積債務」が10億円増加。
日銀：「資産」において、10億円の「国債」が増加。

つまり、必ずしも日銀の国債の直接引き受けを行わずとも、今日普通に行われている「日銀による、銀行所有の国債の買い取り」というプロセスを経れば、結果的に、「日銀の国債直接引き受け」（あるいはＯＭＦ）と同じことをしていることになるのである。

ところで、日銀は統合政府の一機関であることを踏まえるなら、統合政府として見れば、以上は右のポケットに債務があり、左のポケットに債権があるという状態に過ぎない。だから、**日銀が国債を買い取りさえすれば、結局は、統合政府は誰からも「借り」などない状況を作り出せる**のである。「借り」とは、右ポケットと左ポケットの間には成立しない概念であり、あくまでも、「異なる主体同士の貸借関係」を言う概念だからだ。

なお、2018年現在で、国債の累積発行額は約1100兆円だが、その43%を日銀が保有している。したがって、今日の国債の累積発行額の半分近くに相当する貨幣が、「ヘリコプターマネー」や「OMF」等と呼ばれるプロセスを経て、政府・日銀によって発行されている、と言えるのである。

国債発行で貨幣が創造される。だから、財政政策で金利は上がらない。むしろ下落する

とはいえ、国債の過半数は、今日においても銀行等が所有しているのが実情だ。そんなケースにおいては、銀行がさらに国債を買えば、銀行の日銀当座預金が減ることになる。そして銀行が日銀の口座に持っている日銀当座預金は無限ではないのだから、政府はその内、国債を発行できなくなるのであって、だから（日銀が国債を買わないのならば）政府の国債発行には限度があるだろう、というイメージを専門家も含めて多くの人々が持っている。

そしてそれ故に、**国債を発行すればするほどに「金利が上がっていくはずだ」と言われる**こ

とが一般的だ（一般に、資金が限られている中でその資金を借りようとすればするほど、金利は上がっていき、支払うべき利息が高くなっていく）。

しかし、**そのイメージは完全なる間違いだ**。

もちろん、オカネが商品であり、減ったり増えたりしないものであるなら、政府が国債を発行すればするほどにオカネが枯渇していき、金利は上がっていくことになるだろう。しかし**オカネは商品ではない**。それはここまで何度も指摘したように、**「負債の記録」「貸借関係の記録」であり、したがって、政府が銀行からオカネを借りようとすればするほどに「創造」**されていくのだ。だから**国債を発行しても、金利は上がらない。むしろ、下落していく**のだ。

その具体的なプロセスを、政府が国債を通して、銀行から10億円の資金を調達し、それを使ってインフラ事業を行うケースを想定しつつ考えてみよう。

まず、先に述べたように銀行が10億円の国債を購入すれば、その銀行の日銀当座預金が10億円減る一方で、政府の日銀当座預金が10億円増える。

この状況で政府は10億円のインフラ事業を行い、民間企業に10億円を支払う。この支払いは通常、「小切手」で行われる（ちなみに小切手というのは、「私は10億円の負債を、この小切手の持ち主に対して持っている」という証書だ。そして、こうした小切手もまた、後に貨幣のピラミッドを通して解説するように貨幣の一種だ。したがってこの「政府による小切手の発行」は「貨幣の創造」なのであり、これもまた万年筆マネーなのである）。

つまり、民間企業は10億円の小切手を政府から受け取るわけだが、その小切手を受け取った民間企業はそれを銀行に持ち込む。銀行はその小切手を受け取る代わりに、民間企業の預金口座に「10億円」と書き込む。この瞬間に、その**民間企業は**（自分で好きに使える）**10億円の預金通貨を得たことになる。**

一方、小切手を受け取った銀行は、小切手を日銀に持ち込む。そうすると日銀は、政府の日銀当座預金にある10億円を、銀行の日銀当座預金に振り替える。

ところで銀行が国債を購入した際に、**銀行の日銀当座預金**は、一時的に10億円減少していたのだが、（銀行の日銀当座預金への）この10億円の振り込みによって**元の水準に戻る**ことになる（国債を買った銀行と企業が小切手を持ち込んだ銀行とは必ずしも一致しないが、両者をトータルとして考えれば、日銀にある銀行の日銀当座預金口座の金額が回復することになる）。

つまり、**銀行の日銀当座預金の残高は、国債購入を経ても、政府支出があるお陰で結局は一円も減らない**のである。

ここで、以上のプロセスを経て、この10億円の事業を行う前後で、各主体の金融上の資産と負債がどのように変化したのかをまとめてみよう（ここでは便宜上、手数料は割愛する）。

まず、銀行が国債を購入した段階では、

政府：「資産」において、日銀当座預金が10億円増加。
「負債」において、「累積債務」が10億円増加。
銀行：「資産」において、日銀当座預金が10億円減少し、10億円の国債が増加。
民間：変化なし
日銀：変化なし

そして、政府が10億円のインフラプロジェクトを行った後の段階では、次のようになる。

政府：「資産」において、10億円分のインフラ資本が形成。
「負債」において、累積債務が10億円増加。
銀行：「資産」において、10億円の国債が増加。
「負債」において、銀行預金が10億円増加。

民間：「資産」としての銀行預金が10億円増加。
日銀：変化なし

つまり、この10億円プロジェクトを通して、確かに政府の累積債務は10億円分増加したのだが、その結果として、国民は10億円分のインフラを入手できたのであり、かつ「民間企業の金融資産として、10億円分の貨幣が増えた」という帰結が得られたのである。

つまり、**政府が10億円分の国債を発行して事業を行ったことで、10億円分の貨幣が創造され、国民の資産が拡大した**のである。

言い換えるなら、**国債発行による政府事業は、オカネを減らすのではなく「創造する」**のである（しかも公共投資の場合は、実物資産も創造される！）。

そして「金利」に関して重要なのは、一時的には銀行の日銀当座預金は縮小したものの、結局は元の水準に戻っているという点だ。日銀当座預金が、国債を購入する原資なのだから、これが減れば確かに金利は高くなるのだが、結局は以上のプロセスを経て減少してはいかないのだから、**どれだけ国債を発行しても、それが原因で金利が高騰していくということなどあり得ない**のである。むしろ、以上に示したように最終的には銀行預金が拡大するのだから、それが通常の**国債市場の金利を押し下げる**圧力をかけることとなろう。

国債発行する財政政策と、国債購入の金融政策を進めれば、金利は大きく下落する

ここでさらに、日銀が銀行の国債を購入した場合を考えてみよう。その場合、各主体の資産と負債は、以下のようになる。

政府：「資産」において、10億円分のインフラ資本が形成される。
「負債」において、累積債務が10億円増加。
銀行：「資産」において、10億円の日銀当座預金が増加。
「負債」において、銀行預金が10億円増加。
民間：「資産」としての銀行預金が10億円増加。

日銀：「資産」において、10億円の国債が増加。
「負債」において、10億円の日銀当座預金が増加。

このように、政府の財政政策に加えて日本銀行の国債購入という金融政策を同時に行えば、銀行の日銀当座預金が「増える」という結果になるのである（上記の下線部）。このことはつまり、国債の金利にさらに強力に下落する圧力がかかることを意味している。

実際、我が国日本では、デフレになって以降、国債発行を毎年続けてきており、今日では残高が1100兆円程度にまで拡大しているが、それによって国債の金利が上昇するどころか激しく下落している。

ところで、ここで政府と日銀を一つの統合政府と考えた場合、日銀が持つ「国債の10億円増加」と、政府が持つ「累積債務10億円増加」が相殺されるため、以下のような資産・負債状況となる。

統合政府：「資産」において、10億円分のインフラ資本が形成される。
「負債」において、10億円の日銀当座預金が増加。
銀行：「資産」において、10億円の日銀当座預金が増加。
「負債」において、銀行預金が10億円増加。
民間：「資産」としての銀行預金が10億円増加。

つまり、日銀が国債を買い取れば、統合政府としてみれば、**「政府の累積債務の増加」ということ自体が消滅する**のである。

自国通貨建て国債で政府が破綻しない、より詳細な実務的説明

以上、国債「発行」のプロセスを論じたが、一般的な国債は10年や20年、60年といった**「償還期限」**がある。この**償還**というのは一般には、「政府が借りたカネを返す」と認識されているが、厳密に言うなら、それは**「銀行等が保有する国債と、政府の貨幣とを交換する」**という作業になる。

ここで、「国債」は「政府の負債の記録」だが、貨幣もまた「政府の負債の記録」だ。だから、**国債の償還は、銀行等が所有している政府の負債の形式を「国債」から「貨幣」に変換すること**を意味する。

具体的には、例えば10億円の国債の償還とは、銀行が資産として所持していた国債を政府に返却すると同時に、「銀行の日銀当座預金の口座」に「政府の10億円の日銀当座預金」を振り込む。

したがって、「償還」のためには「政府の10億円の日銀当座預金」が必要なのである。

では政府は、この10億円をどうやって調達しておくのだろうか——？　この点について、多くの国民は、国債を返済するには税金を集めておかないといけない、というイメージを持っているのだろうが、政府の日銀当座預金はもちろん、税金でなくとも国債を用いて調達することもできる。そして、その国債は、日銀が購入することもできる。

だから、仮に**税金が一円もなかったとしても、**そして仮にその時、**政府が発行する国債等を購入する民間銀行が一切なかったとしても、「最後の貸し手」である日銀が国債を購入できるので、償還金を用意できないという事態は絶対に生じ得ない**のである。

これが、今日の近代的政府が、自国建て通貨で破綻することがない、ということの、より詳細な実務的説明だ。

国債を租税を通して償還すれば、国債によって創出された貨幣が消滅する

ところで、先に、10億円の国債を発行すれば、10億円の（銀行預金という）「貨幣」を作り

出すことができると述べた。

では、その国債の「償還」によって、「国債発行によって創出された10億円の貨幣」はどうなるのかを考えてみよう。

まず、（10億円の）国債発行の時点から考えよう。政府が銀行から国債を通して資金を調達してプロジェクトを行うと、先に指摘したように、最終的には銀行が10億円分の国債を保有すると同時に、民間に10億円分の貨幣が創出される。

そして、その償還時にこれがどうなるのかというと、政府がその償還費用を「国債」を通して調達する場合と、「税金」を通して調達する場合とで全く異なる。

まず、国債を通して調達した場合は、ただ単に国債を「借り換えた」だけとなり、基本的には何も状況変化はない。つまり、償還後も銀行が10億円の（新しい）国債を保有すると同時に、民間に創出されている10億円の預金が残存し続ける（なお、日銀がその国債を購入した場合には、銀行は国債の代わりに10億円の日銀当座預金を資産として保有することとなる）。

一方、税金を通して償還費用を調達した場合には、民間から10億円分の貨幣を徴税することになる。したがって、民間における貨幣は10億円減少する。一方で、銀行の資産においては、10億円分の国債がなくなり、その代わりに日銀当座預金が10億円増えることとなる。それはまさに、国債発行前の状態と同一だ。

つまり、**徴税を通して国債を償還すれば、国債発行で創出された10億円の貨幣が消えてなくなる**のである。

国債残高が1100兆円ということは、1100兆円分の貨幣の存在を意味している

以上の議論は、**国債が存在している間だけ、その金額の貨幣がこの世に存在する**ことを意味している。そもそも貨幣は、貸借関係の記録であり、かつ、国債が存在しているということはそこに貸借関係が存在することを意味しているわけだから、**国債がなくなれば、貨幣も消えてなくなる**のも当然だ。

だから、国債残高が今、1100兆円だということは、政府が1100兆円分の信用創造を行い、貨幣を1100兆円分創出しているということを意味しているのである。

だからもしも、1100兆円の累積債務の全てを、租税を通して償還し、政府の累積債務が「ゼロ」になったとすれば、それは、今日よりも、民間における貨幣量が1100兆円も

減少してしまうことを意味している。そうなれば、今の日本は、恐るべき大不況に陥ることは必定だ。

つまり、**世間に貨幣を循環させ続けるためにも、政府は一定の国債を未償還のまま放置し続けなければならない**のである。実際、国債発行残高がとりわけ低いと言われているノルウェーやスイスですら、国債発行残高がGDPの3割強もの水準に達しているのである。どのような国家でも、国債残高を全てゼロにするということは現実的にあり得ないのであり、国家経済に十分な貨幣を循環させるためにも、やってはいけないのである。ここが、「国債」というものが「家計の借金」と根本的に異なる点なのだ。

日本経済のために、国債を全て返し尽くしてはいけないのである。

貨幣のピラミッドがある：
政府の貨幣→銀行の貨幣→ノンバンクの貨幣

以上、現金貨幣、預金貨幣や小切手等の様々な貨幣の「創出」や「消滅」のプロセスを論じた。

その中で、多くの国民が現金だけが貨幣だと認識しているが、銀行預金もまた貨幣であるということを指摘した。さらには、小切手もまた、貨幣として機能するものだと論じた。

しかし、小切手が「価値」を持ち、貨幣として機能するのは、それが「預金貨幣と交換できる」からである。

一方で、預金貨幣が「価値」を持ち、貨幣として機能するのは、それが「現金貨幣と交換できる」からである。

さらには、現金貨幣が「価値」を持ち、貨幣として機能するのは、それによって「納税ができる」からである。

こうした構図を示したのが、図1だ。

この図は、政府、銀行、ノンバンクの貨幣のピラミッド構造を示したものだ。この図に記載した通り、政府貨幣を頂点として、その下に銀行が（信用創造のプロセスを経て万年筆マネーとして）創造する「預金貨幣」があり、さらにその下に非銀行（ノンバンク）が（同じく、信用創造のプロセスを経て万年筆マネーとして創出する小切手等の形で）創造する貨幣があり、それぞれの階層の貨幣の信用、ないしは価値は、より上位の貨幣と交換できるから生ずるのである。

そして、その頂点にある政府貨幣の価値は、**「国民は国家に、貨幣による納税の義務がある」という政治的状況**によって保証されているのである。

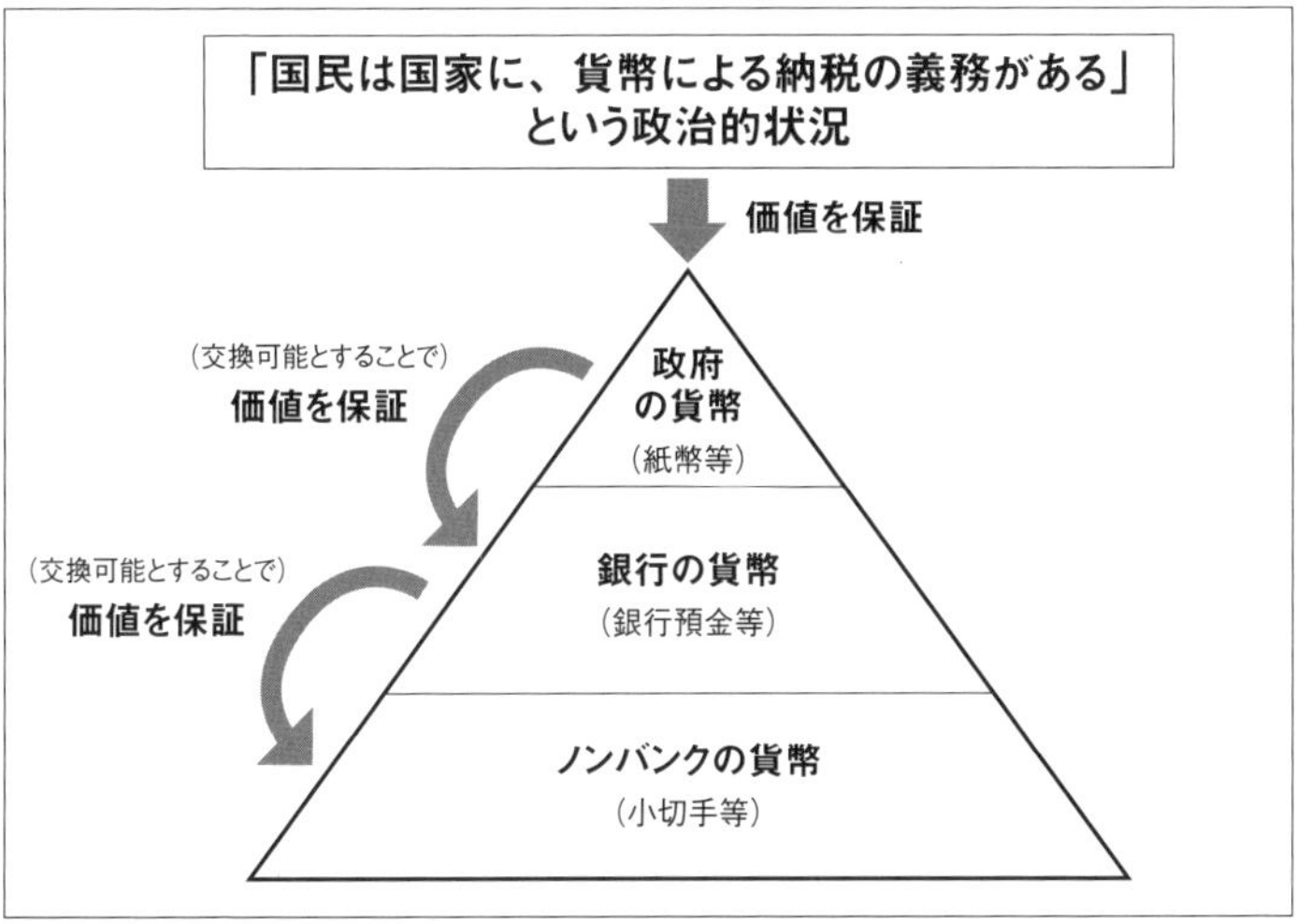

図1　貨幣のピラミッド

したがって、もしも国家の行政サービスが崩壊し、国民に納税義務を負わすことができなくなる日が訪れれば、その国家が作る貨幣を基本とした通貨体制そのものが崩壊することとなる。その結果、その貨幣は流通しなくなり、人々は例えば、ドルや元等の外国貨幣を使いだすようになる。

しばしば、メディア上等で**「円の信認」**が取り沙汰されることがある。多くのエコノミストや政治家たちは、国債の残高が増えすぎたり、円が増えすぎれば「円の信認」が失われ、円の価値が暴落するリスクがある――と論じているが、円の信認が失われるとすれば、それは、債務が増えたから等の理由では起こり得ない。政府の徴税機能が崩壊したり、国民が政府そのものに対して反逆して納税義務をボイコットする等、貨幣の価値を保証している「徴税を巡る国家体制」が失われた時にはじめて、「円の信認」が失われるのである。

貨幣循環と財政赤字、経済成長

以上は、**貨幣の「創出」と「消失」**のプロセスを論じたが、最後に**貨幣の「循環」**について議論をすることとしよう。

貨幣の循環総量そのものは、GDPという形で測定できる。

このGDPというものは、日本なら日本国内にて循環した貨幣の総量であるが、それには以下の三つの側面がある。

①日本国内で「支出」された貨幣の総量（**総需要**）
②日本国内で得られた「所得」の総量（**総所得**）
③日本国内で創出された「付加価値」の総量（**総生産**）

つまり、貨幣循環量は、需要の側面から測定することもできれば、所得の側面で測定することもできるし、生産の側面から測定することもできる。

一方、MMTの貨幣循環の分析では、(一般的なマクロ経済分析と同様)経済主体として、

「政府」

「民間」

「海外」

の三者を想定する。したがって、総需要は、政府と民間と海外の需要の合計値となり、総所得は、政府と民間と海外の所得の合計値である。

そしてMMTは、第3章で詳しく論じたように、インフレ率を適正水準に調整することを目指す。そして、インフレ率は、**付録2**にて論じたように、貨幣循環量、すなわち、GDPの拡大率に依存している。貨幣循環量、すなわち、GDPが拡大していけばインフレ率が上昇していき、逆に縮小していけばインフレ率が下落していく。

したがって、MMTでは、(需要面で定義するなら)政府支出Gと民間支出CI、海外支出(純輸出)NXの合計値の拡大率(GDP成長率)を、インフレ率が適切な水準に収まるように調整しようと考える。

ここで、海外支出NXについては、海外の経済活動水準を直接コントロールすることが困難である一方、政府支出Gは、政府の意志で直接コントロールすることができる。そして、民間支出CIは、政府支出を含めた政府の各種行政を通して間接的にではあるが（海外支出よりもより容易に）コントロールすることが可能となる。

したがって、MMTにおいては、政府支出Gのみならず、民間支出CIの拡大率についてもまた間接的に調整を図ろうとする。

このとき重視されるのが、政府、民間、海外の「収支」である。収支とは「支出」から「所得」を差し引いたものである。支出が多ければ赤字となり、所得が多ければ黒字となる。

そして、貨幣が循環している以上、当たり前の話だが、定義上、政府、民間、海外の収支は、**合計するとゼロ**になる。それはつまり、一つの部門の黒字は他の部門の赤字を意味しており、逆に一つの部門の赤字は他の部門の黒字を意味している。

ここで（第1章でも指摘したが）改めて、単純化のために、海外部門を除外して、政府と民間だけが存在する経済を考えてみよう（事実、日本のGDPに対する純輸出の平均シェアは1％程度であり、日本経済は海外部門を除く内需が基本的な構成要素となっている）。

その場合、政府の収支と民間の収支の合計はゼロであるから、政府が黒字の場合、民間は赤字となる。逆に**政府が赤字の場合は民間は黒字となる**。

ここでインフレ率を上昇させるべく、GDPを拡大しようとするなら、政府と民間の支出の合計値、あるいは、政府と民間の所得の合計値の拡大が必要だ。

この場合まず、政府支出が拡大すれば、その分だけGDPが拡大することになる。

しかも、政府支出の拡大は政府の赤字の拡大を導き、民間の黒字の拡大をもたらす。その民間の黒字拡大は、民間の経済活動の活性化を促し、民間支出も拡大する。

かくして、政府支出の拡大は、第一に直接的な政府需要の拡大を通して、第二に、民間需要の拡大を間接的に促すことを通して、GDPの拡大を導き、インフレ率の上昇をもたらす。

これは、これまでの一般的なマクロ経済学では、次のように議論されてきた。政府支出が民間の所得になり、その所得の一部が支出に回る、という恰好で、連鎖的な支出拡大を導くという**「乗数効果」**をもたらす。

この現象は、MMTにおける貨幣論に基づくなら、次のように解説することもできる。

まず、政府収支の赤字とはつまり、新規の国債発行額を意味している。国債発行は信用創造を意味するものであるから、結局は、政府の赤字とは、政府がその年次に新しく創出した貨幣を意味している。つまり、政府の赤字とは、政府による民間市場への**「貨幣供給量」**を意味している。したがって、政府赤字が拡大すれば、その分だけ貨幣供給量が拡大し、その結果、貨幣循環量もまた拡大する。

つまり、政府は、貨幣循環の仕組みを見据えながら、政府自らによる貨幣供給量を増減させ、それを通してインフレ率の調整を図ることができるわけである。これこそ、本書の第1章で論じた、MMTに基づく財政政策論の要となる考え方なのである。

この理論は、政府の財政赤字は貨幣供給量そのものを意味しているという事実認識に基づくのであり、そして、その事実認識は、貨幣とは何かを徹底的に突き詰めたMMTであるからこそ正確に形成することが可能となったものなのである。

したがって、信用貨幣論や万年筆マネーやスペンディング・ファースト等のMMTにおいて展開された貨幣についての現実的認識に誤りを指摘することができない限りにおいて、以上に述べた政策論を否定することなど、何人たりとも不可能なのである。

MMTが成し得た、経済政策史に対する重大な貢献

ここに——ケインズの有効需要の理論をほとんど踏襲しながらも、MMTにおいてはその

ケインズ理論がさらに「進化」しているポイントを見て取ることができる。

ケインズ政策は、財政赤字の拡大が経済成長を導くことを主張したが、それに対して、多くの主流派経済学者達が、「財政赤字が拡大すれば、財政破綻が導かれ、国益が大きく損なわれる」と反論した。ケインズ論者達はもちろんそうした批判に対して、「経済成長できなければ財政が逆に破綻する」と主張したわけだが、主流派経済学者達はそれに対して「財政赤字を拡大しても成長するとは限らないじゃないか！」と反論し、水掛け論の状態となってしまっていた。

そこにＭＭＴが登場し、**「政府の財政赤字は政府の貨幣供給量を意味しているのだから、当然ながら経済成長を導く。これは誰も否定できない事実だ。しかも、徴税権を持つ政府が、全ての貨幣の価値の源泉となる現金を創出しているのであり、その創出主である政府が、貨幣によって破綻することなどあり得ない。これもまた、何人たりとも否定できない事実ではないか」**と主張したのである。

はっきり言って、このケインズ派と主流派経済学者達との間の論戦は、理論的にこれで**完全決着**を見たと言ってよい。

すなわち——主流派経済学者達による「財政破綻論」は、文字通り論理的に完全に破綻していることがＭＭＴによって明らかにされてしまったのである。ことここに到れば、財政破綻論を声高に主張する論者は理性不在の愚者か、あるいは、意図的に嘘をつき続ける詐欺師のいずれか（あるいは双方）以外にはあり得ない、という事になってしまったのである。ここに、財務省を中心とした財政破綻論を主張し続け「たい」諸勢力が、ＭＭＴに対して「過剰」とも言える程の拒否反応を示す理由がある。本書冒頭でＭＭＴがメディア上で惨たらしい誹謗中傷を受け続けている様を描写したが、それはＭＭＴが「正し過ぎる」ところにその根拠があったのである。

第5章

MMTが示唆する、日本の処方箋

デフレが深刻化している日本

以上、MMTの概要を述べたが、最後に、MMTに基づいて、今、我が国日本がなすべき政策方針とは何かの具体論を論じつつ、本書を終えることとしよう。

まず、MMTが着目するのは、失業率、物価、金利、そして、インフレ率だ。

失業率についていえば、低い水準になりつつあるのだが、賃金については、今、激しく下落しつつある。図1に示したように、実質賃金は2014年の消費増税によって急落してしまった。安倍内閣が誕生した2012年から見れば、5・7%も下落してしまった。一方、2013年の1月から3月にかけて、2%以上も下落したと報告されている。したがって、**実質賃金は現内閣下で約8%も下落**してしまったことになる。そして19年10月には、消費税がさらに2%上げられる。これが、実質賃金を短期的に約2%、中期的には4%程度下落させることは確実だ。それを踏まえると、**安倍内閣は5%から10%に消費税を増税することを通して、12%程度もの未曽有の賃金下落を、「政策的」にもたらした**ことになる。

一方、金利とインフレ率については、今、極めて低い水準となっている。図2は、第3

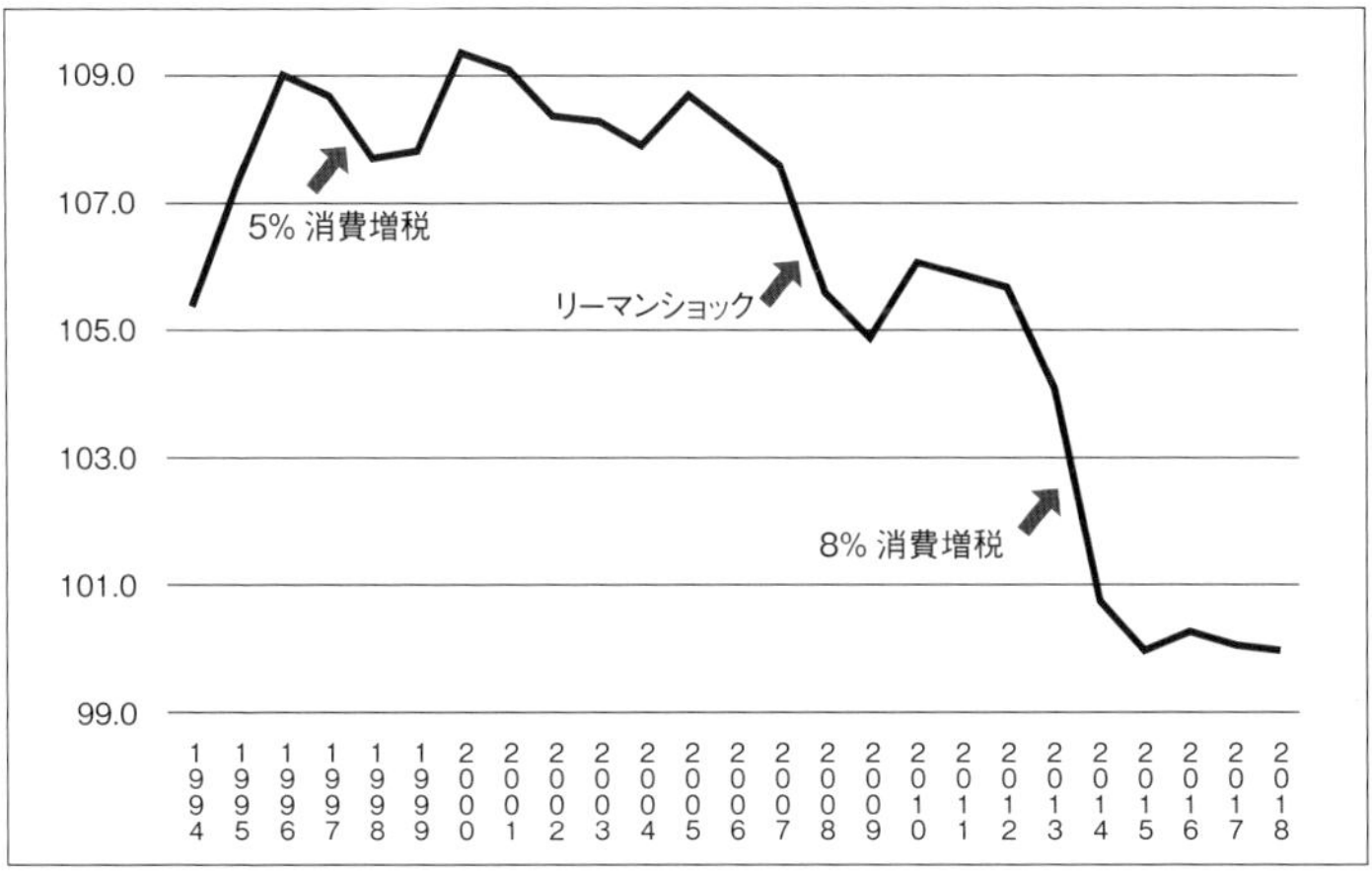

出典:毎月勤労統計調査　実質賃金 指数及び増減率－きまって支給する給与（5人以上）（調査産業計）

図1　実質賃金の推移

章でも紹介したグラフだが、ご覧のように、金利はほぼ「０％」の水準に近づいており、かつてないほどに低い水準に至っている。そして、ＭＭＴにおいて重視されるインフレ率についても今、ほぼ「ゼロ」の水準となっている。２０１４年から２０１６年にかけては１％前後にまで上昇したこともあったが、これは、２０１４年の消費増税によって、増税分を価格転嫁するために生じたものであり、単なる「コストプッシュインフレ」という悪性インフレの一種の現象だ。

　つまり今は賃金が下落し、物価も低迷するという、典型的な「デフレ状況」である。

　これはＭＭＴに基づくと、資金循環量が縮小しすぎているという明白な事実を示し

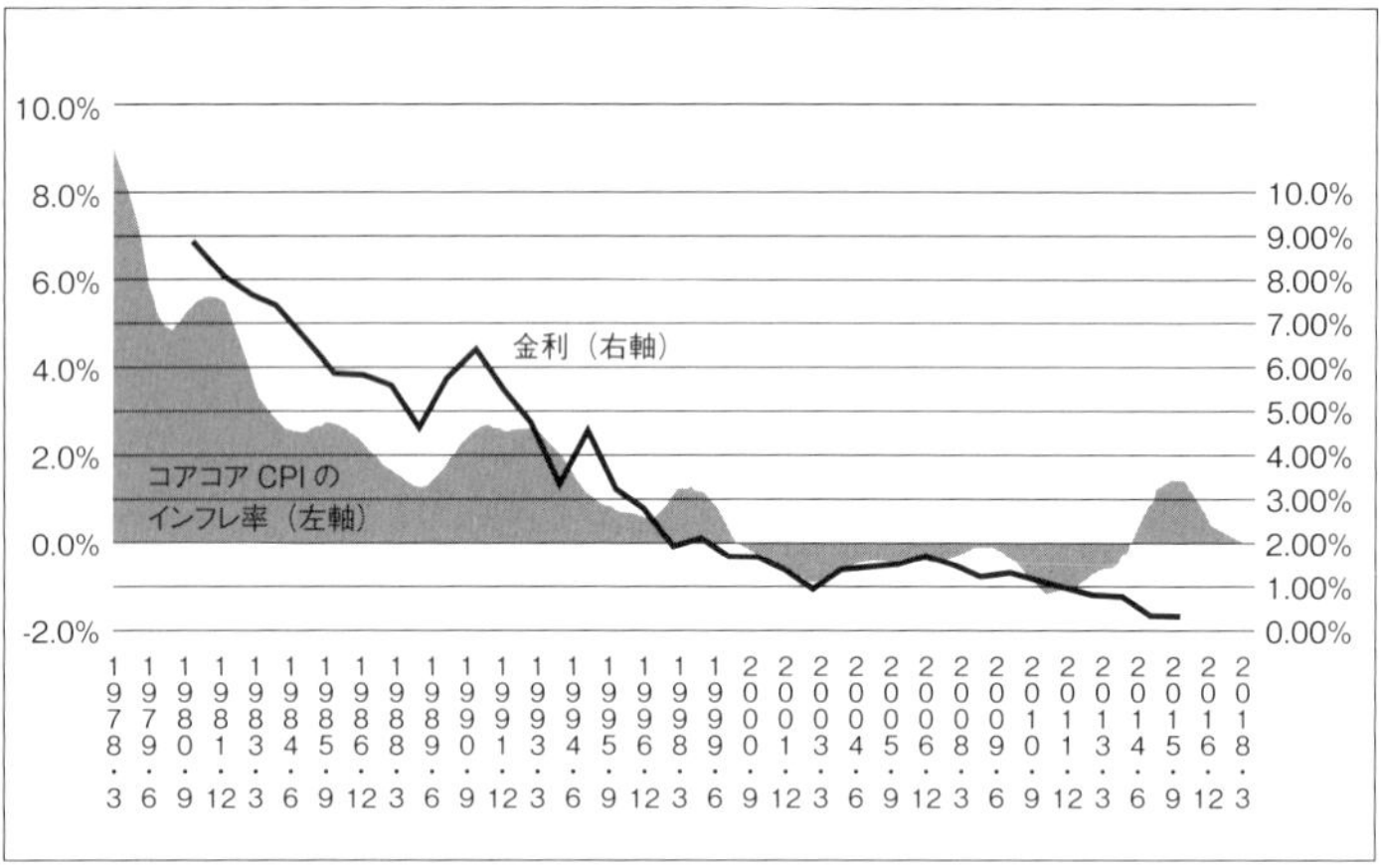

金利：10 年国債の 12 月最終時点での金利水準
CPI：コアコア CPI の対前年変化率

図2　金利と物価の長期推移（再掲）

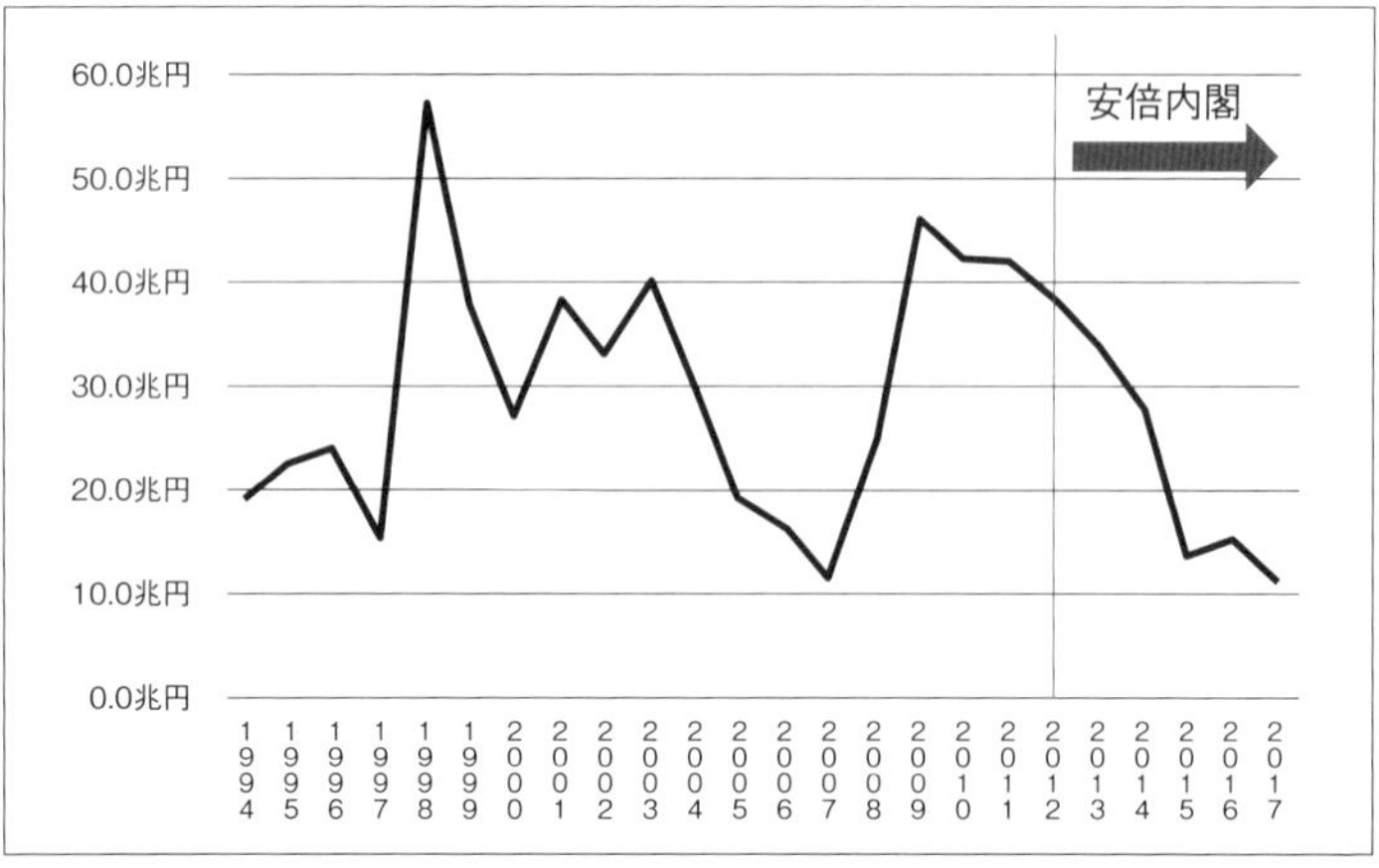

図3　政府の資金供給量（＝財政赤字）

ている。

では、なぜそこまで資金循環量が低迷してしまったのかと言うと、政府の資金供給量が著しく下落したからに他ならない。

図3をご覧いただきたい。これは、政府の資金供給量の推移である。政府の資金供給量とは、財政赤字を意味するものであるが、ご覧のように、安倍内閣が始まる2012年頃、35〜40兆円程度もの水準であった。しかし、安倍内閣が誕生して以降、政府の資金供給量が大きく下落していき、2017年時点では10兆円にまで縮小している。

つまり、安倍内閣になってからの6年間で、政府は資金供給量を30兆円も減少させてしまったのである。これによって、30兆円分、日本経済内の資金循環量が縮減し、その結果デフレが進行し、インフレ率が下落し、実質賃金が激しく下落してしまったのである。

安倍内閣で進められる、数々のデフレ加速政策

このように、日本は今、激しいデフレ状況にあり、インフレ率がMMTが主張する「下限

値」を下回る状況になっている。こうした状況になっているのは、安倍内閣下で進められている**激しい「緊縮財政」**によって、貨幣供給量が30兆円も縮減されてしまったことが最も基本的な原因であるが、それも含めて、今、安倍内閣下でデフレが進行している諸原因を、本書で論じた様々な議論を踏まえつつ、検討してみることとしよう。

消費増税　２０１４年の消費増税が、消費を著しく縮小させ、資金循環量を激しく停滞させている。

プライマリー・バランス黒字化目標に基づく支出抑制　安倍内閣下では、輸出が26兆円も拡大しており、そのために、税収も10兆円近く拡大した。それに加えて、２０１４年の消費増税によって税収が８兆円程度拡大したため、合計で17兆円も拡大した。しかし、自然に拡大していく社会保障費を除くと、それ以外の支出拡大を抑制した。その結果、10兆円以上もの税収増分を、支出拡大に回さず、政府の財政赤字の縮減に転用した。これによって、支出抑制を通して10兆円もの民間貨幣を消失させた。このように激しく支出が抑制されたのは、２０２０年度までに**基礎的財政収支（プライマリー・バランス：ＰＢ）**（政府の行政支出と税収との差額）を黒字化するという目標を２０１３年に立て、その目標に基づいて粛々と緊縮財政を進めたからに他ならない。2018年には目標年次が5年延期されたが、それでも今日でもなお、PB黒字化目標は政府の財政を縛り続けている。

移民拡大政策　資金循環量の確保には賃上げが不可欠であるが、現在、移民受け入れを拡大し、賃金を下落させる圧力がかけられている。

自由化促進政策　資金循環量の確保には、過当競争によるダンピング（価格引き下げ競争）を抑止し、物価と賃金の下落を抑止していくことが必要であるが、安倍内閣下では電力や水道、種子等の規制が緩和されると同時に、国家戦略特区などの制度を活用してさらなる過激な自由化が進められている。これが物価と賃金の下落を加速させている。

自由貿易推進　資金循環量の確保には、安い外国産製品の輸入を抑制していくことが必要であるが、安倍内閣下では、日欧EPAやTPP等、様々な貿易自由化が進められ、これが「過当競争→物価下落」を導くデフレ圧力をかけ、賃金下落を加速させている。

適正なインフレ率を実現するためこれから進めるべき諸政策

以上の状況分析を踏まえると、今明白に進んでいる我が国のデフレ状況＝低インフレ状況を脱却し、2～4％程度という適正なインフレ率を実現するために必要な対策は自ずと明らかになる。

それはすなわち、今進められている政策を全て**「反転」**させればよいということである。以上の安倍内閣の政策方針を端的に表現するなら、「緊縮」「グローバル化」「構造改革」であるが、これらを反転させた**「反・緊縮」「反・グローバル化」「反・構造改革」**の方針が、少なくともデフレ脱却までの間には求められているということになる。以下具体的な方針を示す。

プライマリー・バランス目標の撤廃　今の日本のデフレを導く増税や支出抑制は、プライマリー・バランス目標の閣議決定に基づくものである。MMTの貨幣論に基づくなら、財務省が正式に見解表明しているように「日本が円建て国債で破綻することはあり得ない」のだから、プライマリー・バランス目標を掲げることそれ自身に合理的な根拠は全くない。にもかかわらず、プライマリー・バランス目標を死守し続ければ、日本は永遠にデフレ脱却ができず、成長はおろか、（財政再建派が主張し続ける）財政健全化すら実現不可能となる。その規律はそれほどまでに過剰に厳し過ぎる規律なのである。実際、**日本のようにプライマリー・バランス目標を掲げている主要先進国は皆無**である。あらゆる主要先進国の財政規律は、景気変動を加味するものとなっているなどの点から、「プライマリーバランス黒字化」よりもずっと**「緩い」**ものなのである。したがって、MMTに基づいた政策論を検討する上で、まず第一に進めなければならない取り組みは、このプライマリー・バランス黒字化目標の撤廃なのである。

消費増税の凍結および減税　今のデフレを加速している最大の直接的原因は、消費税である。したがって、2019年10月の消費増税は、本来ならば絶対にやってはならない最悪の愚策である。むしろデフレ脱却までの間は、5%、あるいは、3%にまで減税することが必要である。実際、カナダやイギリスはサブプライム・ローン危機やリーマンショックの時に消費税を減税している。我が国でもこうした対策が今、絶対に必要なのである。

法人税増税　貨幣循環量の適正化を図る上でも、税制におけるビルトイン・スタビライザー機能を強化することが得策である。そのためにも、過剰に引き下げられている我が国の法人税率を、諸外国と同一レベルにまで引き上げることが必要である。

移民・構造・貿易政策　物価と賃金の下落を食い止め、向上させることを企図して、移民政策を抑制的な方向に運用・法改正することが必要である。また、ＥＰＡやＴＰＰについては既に締結してしまったところであるが、まずは今日進められている日米間の二国間の（事実上の）ＦＴＡにおいて交渉不成立の可能性も見据え、自由化を抑制する方向でネゴシエーションを進める必要がある。構造政策についても、様々な規制の再強化が必要である。こうした取り組みが進めば、過当競争が抑制され、物価下落が食い止められることになる。

補助金に基づく公定価格・公定賃金の実質的上昇　ＭＭＴにおける「就労・賃金保証」プログラム（ＪＧＰ）の考え方に基づけば、公共的な意義あるという理由で、**政府が公的資金を注入している各種事業・就労において、**過当に低いとみられる賃金・物価を直接上昇させることが必要である。医療、介護、運輸、建設、そして、あらゆる公務の賃金や価格を、それぞれの現場の状況を徹底的に調査し、客観的な視点から適正な価格を検討し、その水準にするために必要な制度設計と共に、十分な公的資金を注入する。なお、その過程で、人手不足が顕著である事業においては、十分な公的資金の下、その人員を拡充していく。なお、「就労・賃金保証」プログラムは、理論的には理解できても実務的には実現困難だと指摘されることもしばしばであるが、上記のように、現実の日本の行政をベースとして、それを「就労・賃金保証」プログラムの「概念」を踏まえながら改善していくと考えれば、十二分以上の現実性ある実務的取り組みと言えよう。

長期投資計画の策定とそのための投資拡大　MMTの議論において求められる財政支出量を柔軟、かつきめ細かく調整していくにあたっては、長期的な投資計画を策定しておくことが得策である。今日のようなデフレ状況下では、その長期計画に基づく投資を加速していくことができるし、デフレを脱却した後には、同じ長期計画の投資の速度を緩和することで、支出量の増減にかかわらず、長期的な視点からの**「ワイズ・スペンディング」**が可能となるからである。また、そうした長期投資計画を考えておけば、長期的に求められる事業や雇用の形も明らかとなり、上記の「就労・賃金保証」プログラムの推進もより合理化することが可能となる。

消費税が10％に上げられてしまったことで、15兆円程度の補整予算を5〜6年継続することが最低限求められる事態となってしまった

以上のように、ＭＭＴの議論を踏まえながら包括的に考えれば、今日の日本においてなすべき対策が多数に及ぶことが見えてくる。

ただし、それらの中には、実施するのに法改正プロセス等のために数年程度の期間が必要なものもある一方、今すぐに対応できるものもある。そして、デフレは、日本経済を刻一刻と傷つけ続けている以上、デフレ脱却は、一刻も早く達成することが必要だ。

そうした点を踏まえるなら、中長期的な準備が必要な対策を速やかに進めていくことも必要であるが、短期的にスグにできることを迅速に着手しておくことがより必要だ。

その代表的な対応が「消費増税の凍結」および「減税」であるが、それと共に必要なのが、可及的速やかに大型補正予算を決定し、迅速に執行することだ。それによって迅速に貨幣循環量を確保し、デフレがデフレを呼ぶ「デフレ・スパイラル」を終わらせ、インフレがインフレを導く「インフレ・スパイラル」へと転換させていくことが必要なのだ。

ここでは、そんなデフレからインフレへの展開をもたらすために必要な、短期的な財政支出拡大は、どの程度の水準なのかについて検討を加えたい。

まず、MMTに基づくと、インフレ率は少なくとも2％程度以上あることが必要であるが、それが今、達成されていないということは、政府支出の拡大が今、求められているということを意味している。

そしてそのインフレ率については、次のような定義式がある。

名目成長率＝実質成長率＋インフレ率（デフレータ上昇率）

ここに、名目成長率とは、貨幣循環量、あるいは、GDPの成長率を意味するもので、実質成長率とは、インフレ率を考慮した、実質的な取引量の拡大率を意味している。

さて、この式に基づけば、目安として言うなら、名目成長率が4％程度ないと、物価上昇率は2％に到達することはない、ということが見えてくる。

ちなみに、ここ最近の補正予算の水準は3〜4兆円程度であるが、これをあと、11〜12兆円強拡大し、**補正予算を15兆円程度にすれば**、名目GDPが約22〜24兆円程度は拡大する、ということが予期されることとなる（政府支出よりもGDP拡大率の方が大きくなるという、いわゆる「乗数効果」が2程度だと考えると、GDPは3～4兆円程度の補正予算を支出している状況よりもおおよそ22～24兆円程度拡大する、ということが予期されることになる)。

そうなれば、**名目成長率は（現状の0・5%から）4%超の水準にまで上昇する**と予想される。そうなれば、**物価はコアコアCPIで1・6～1・7%程度上昇**するものと予期される（過去の実績で、日本の名目成長率が2%を上回った1980年代、1990年代の複数年次を対象に行った分析では、名目成長率のおおよそ40%が、コアコアCPIの上昇率となっていた）。

ただし、こうした対策を単年度だけ行っても、賃金が十分に上昇しなければ、翌年もまた、同程度の補正予算の支出が求められることになる。したがって、こうした15兆円の補正予算を、**2～3ヵ年行えば**、デフレを脱却し、それ以上特別の補正予算を執行する必要がない状況が訪れることとなろう。

なお、以上の予測は、貿易条件が昨年と同様であると想定した場合だが、米中経済戦争やイギリスのEU離脱などを通して世界経済が不透明となれば、貿易がさらに縮小する可能性が考えられる。それを踏まえると、さらに多くの補整予算の支出が必要となる。

さらには、2019年10月の**10%への消費増税**によって激しいデフレ圧力がかかるため、名目成長率は上記の15兆円の補正予算を支出してもさらに下落してしまうことになる。したがって、2%の物価上昇率目標を達成するためには、15～20兆円以上の支出を、2～3年という短期間ではなく、**5～6年程度継続することが必要**となるだろう。

現時点の日本における「ワイズ・スペンディング」の具体的内容

以上が、「令和日本」に求められる経済政策のあらましであるが、最後に、以上に述べた「長期投資計画」や「就労・賃金保証」プログラムの検討において求められる具体的な**「ワイズ・スペンディング」**の形を検討することとしたい。なお、以下の各項目の優先順位については様々な議論があり得るが、いずれも、さらなる「投資」、ならびにさらなる「雇用」が求められていると十分に考えられるものである。

介護・医療供給量の強化　日本社会の高齢化は年々加速している。それに伴って医療需要、介護需要が急速に拡大しており、今後さらに拡大していくことが見込まれている。しかし、現状においては賃金は十分な水準に至っておらず、人手不足が深刻化している。医療、介護にかかわる労働者の賃金水準の確保は急務の状況にある。それに伴って、施設や機材など、関連投資項目も多岐にわたる。

食糧自給率の確保　日本は先進諸国の中でもとりわけ食料自給率が低く、これが、食料安全保障上のリスクを高めているのみならず、定常的な国民所得の海外流出をもたらしている。こうした食料自給率の低さは、農業生産力の国際競争力の低さを反映したものであるが、その背景には、農業に対する公的支出が日本においてとりわけ低いという現状がある。日本の農産品の価格を引き下げ、国際競争力を確保し、食料自給率を向上させていくためにも、農業への「雇用・賃金保障」ならびに「生産性」に関わる公的資金の投入は極めて重要である。

資源・エネルギー自給率の向上と輸入価格の引き下げ　資源・エネルギーの輸入依存度の高い我が国において、その自給率の向上ならびに輸入価格の引き下げは、日本の国民所得の海外流出の縮減、ならびにいわゆる**「悪性インフレ」**圧力の緩和のために極めて重要である。自給率向上のためには、国内資源開発への投資が重要であると同時に、輸入価格を引き下げることを可能にする港湾・パイプライン投資などが重要となる。あわせて、こうした産業への雇用を一定保障していく取り組みも重要である。

物流・輸入コストの縮減　道路網、鉄道網、パイプライン網、港湾設備は、先進諸外国がその整備水準を向上させ続けている中、日本においては十分な速度で投資が進んでおらず、先進諸国における整備水準は最低となっている。これらのインフラ水準の相対的劣化を通して、物流・輸入コストを高止まりさせ、それを通して労働者の賃金の上昇に繋がらないインフレ、いわゆる**「悪性インフレ」**の圧力をかけ続けている。デフレ脱却に基づく良性インフレによる安定的な経済成長を期する上で、こうした物流・輸入コストを引き下げる基礎インフラ投資は急務である。そして、こうした産業に従事する雇用を一定水準の賃金で保障しておくことも不可欠である。

防災・強靱化　ここ数年、「雨季」になれば数十人、数百人の死者を出す水害・土砂災害が連発する状況となっている。同時に、首都直下地震、南海トラフ地震をはじめとした超巨大災害のリスクは年々高まっている。こうした災害に対する被害を減ずる投資は、リスクを織り込んだ長期的な成長、すなわち、国民所得の維持を確保する上で不可欠である。まさに長期的な視野に基づいて防災・強靱化投資計画を策定し、可及的速やかに投資を推進していくことが、経済状況とは無関係に必要な状況にある。同時に、そうした投資や防災対策のオペレーションに必要な雇用を確保し続けることも不可欠である。

地方活性化　20年以上継続しているデフレ不況のあおりを最も受けているのが、「地方」である。産業は衰退し、雇用機会は縮小し、所得も人口も減少し続けている。このままでは、数百年、千年、二千年と続いた日本各地の様々な地方の歴史、伝統が喪失しかねない状況にある。地方の継続をどれだけ重要視するかは、無論、価値観に依存するが、一般的な先進国では、長い歴史を持つ都市、地方文化の保存は非常に高い価値を付与されており、「人命の尊重」に勝るとも劣らぬほどの優先事項と認識されている。我が国も先進国並の認識を持つのなら、地方活性化のための就労機会確保や賃金確保、そして、そのための（新幹線・高速道路整備や、既存インフラの維持更新投資等の）基礎的投資は極めて重要な政府支出項目となる。

科学技術力の強化　日本の科学技術力は、現在急速に低下しつつある。論文数の世界シェアは、デフレ化に伴う科学技術に対する公的投資の縮減に伴い、年々下落し続けている。長期的な成長力の源泉である科学技術力の強化は急務である。そのための人材確保、就労機会の増強と、基礎的な科学技術投資は、長期的国益の視点から極めて重要である。

防衛力の強化　我が国の経済、社会の発展基盤である安全保障、外交力、そして、国家としての独立性を強化するには、防衛力の強化は必要不可欠だ。とりわけ今、中国の脅威は年々拡大しつつあり、そして、北朝鮮もいつ何時、再び有事の危機を迎えるか分からない状況にある。様々な側面における持続的な日本の発展を期するためにも、防衛力増強のための長期的な展望に基づく投資、ならびに、優秀な自衛官の確保、育成は、極めて重要である。

——以上の他にも、ソサエティ5・0やICT投資、AI投資等、官邸主導で進めようとしている様々な投資案件もあることも踏まえるなら、我が国は、ワイズ・スペンディングに基づく長期投資や「就労・賃金保証」プログラムを設計、計画するためのネタには事欠かないのである。日本はこれまでおおよそ20年間以上にもわたってデフレに苛まれ、かつ、激しい緊縮財政の中で、民間においても政府においても、「投資」が停滞し続けている。だから皮肉にも、今の日本は、成すべき投資が山積みの状況なのである。

デフレ脱却のための内需拡大という点でも、そして、ミクロな様々な投資プロジェクトについても、我が国は20年以上にわたる、恐るべき**「不作為の罪」**を積み重ね続けているのである。

おわりに

令和元年10月1日、驚くべきことに我が国日本は、**デフレが一向に収まらない状況下で消費税を10%にまで上げてしまった。**これによって我が国は、**「途上国」レベルの経済規模の衰退国に転落することが確定**してしまった（無論、消費税収の何倍もの政府支出拡大を5、6年にわたって続けたり、消費税率を5%や3%に引き下げれば話は別なのだが）。

ここ十年程、如何なる政権であろうと、そして自らの立場が如何なるものであろうと一貫して増税すべきでないと主張してきた一人の学者とすれば、これ程に遺憾な政治判断はない。

かくして「この絶望的な日本経済に如何にして希望の光を灯し得るのか」という一点が、誠に不幸な事に現時点における最大の課題となってしまった。

そんな現状認識の筆者にとって、日本の国民、そして政治家、官僚、学者、評論家達に、今、普及させねばならぬ最も重要な学術理論は、本書で論じた**「MMT」**を措いて他にない。

この「MMT」の普及促進を企図して、当方は、本書執筆を進める傍ら、当方が代表を務める京都大学レジリエンス実践ユニット主催で、MMTの主唱者の一人で、バーニー・サンダース大統領候補の政策顧問を務める、ニューヨーク州立大学のステファニー・ケルトン教授を招聘し、MMT国際シンポジウムを開催した。

ケルトン教授来日講演のインパクトは大きく、その来日を皮切りに、連日メディア上で、一般の方には聞きなれない「MMT」「現代貨幣理論」というキーワードが取りざたされた。本書冒頭でも紹介したように、MMTと言えば我が国では、否定的で誹謗中傷するような記事ばかりだったところ、多くの新聞やテレビ、雑誌がケルトン教授の見解を淡々と伝えはじめた。結果、MMTについてのより正確な情報を認識する国民も、随分と増えた。とりわけ、ケルトン教授の声に熱心に耳を傾けた「記者たち」、そして「学者たち」のMMTに対する認識が飛躍的に向上したのは、ケルトン教授来日の最も大きな成果の一つであったと思う。

ただし、ケルトン教授来日からしばらく時間が経過するとまた、メディア上にはMMTについて何ら理解しないままに「トンデモ理論」扱いする論調が増え始めた。学者連中の中には、「専門家として一般の方にMMTを解説しましょう」という体裁を取りながら、MMTについてほとんど何も勉強しないままに「間違った説明」を行いながら、その間違ったMMT像を対象に誹謗中傷していく、という「実に巧妙なMMT批判」が散見されるようになっていった（これはもちろん、「わら人形論法」と一般に言われる典型的な詭弁手法だ）。

そして一般の方々の中にも、そして、政治家の中にも、そんな記事に触れたのかMMTの話題が出た途端に、「あぁ、あの胡散臭い、トンデモ理論ですよね。でも藤井さんは、それが正しいと思ってるんですよねぇ」なぞとニタニタしながら嘯《うそぶ》く方々も散見されるようになった。

しかしその一方で、MMTについて、深く理解する政治家、官僚達も確実に増えた。何と言っても、**MMTの根幹は「貨幣についての単なる事実」の描写に過ぎず、理性的な人物である限り何人たりとも否定し得ぬもの**だからだ。さらには、国会答弁の中でも、MMTを理解された一部の代議士の方々が、日本銀行の関係者などに質問を繰り返し、MMTが如何に正当な理論であるかの「言質」が着実に一つずつ蓄積されていった。

そして今、筆者は本書出版と並行して、MMTの主唱者である、アメリカのランダル・レイ教授とオーストラリアのビル・ミッチェル教授を招聘した、当方のユニット主催のシンポジウムを開催するべく調整を進めているところである。

そんな中、本書を今まさにこうして「出版」できたことは、筆者にとっては望外の喜びである。筆者はこれまで各種メディア上でMMTについて論じてきたが、やはり**「一冊の本」**の形でその知識を提示することが最も効果的だからである。

なお筆者は、**ＭＭＴの「基礎概念」から「政策論」に至るまで網羅的に論じた「日本」における啓蒙書としては、本書はとりわけ重要な一冊になるものと自負している。**なぜなら本書は、内閣官房参与でアベノミクスを担当してきた立場を踏まえつつ、今の**日本経済を改善する方法論を、ＭＭＴをベースにして改めて考え直したもの**だからだ。その意味で、日本国内で経済財政政策に少しでも関心のある方々ならば誰でも、本書を通して実践的な切り口から**ＭＭＴの本質**を理解することになるだろうと考えている。

もちろん**本書は、ＭＭＴの「外側」の世界からＭＭＴという世界の「内側」に入るための入門書**だ。しかし一口にＭＭＴと言っても、一人ひとりのＭＭＴ論者の間に様々な相違がある。

事実、ＭＭＴについての専門的な議論においては、国債の発行や法人税それ自身を否定的に論じたり、可能な限りビルトインスタビライザーを重視するという視点から、景気に合わせて金利や政府支出を調整する対策そのものを否定的に論じたりする議論も展開されている。そうした議論は、経済の本質や経済政策の有効性と限界を明らかにする議論としては重要なものではあるが、今日の日本の政策論を考える上での優先順位は必ずしも高いとは言えない。その意味において、日本経済の問題に本格的関心を持ち、その上で経済の真実を知りたいと考えている読者におかれては、本書は**最良の入門書**たり得ると考えている。

ただし本書を理解された上で、MMTについてさらに知ってみたいという一般の方は是非、**ランダル・レイ教授の「MMT現代貨幣理論入門」**（東洋経済新報社）を読まれることをお勧めしたい。そしてもし、「学術的」にMMTをさらに学びたいという方は、今のところ翻訳はなされていないが同じくレイ教授、ミッチェル教授らが執筆した専門書**「Macroeconomics」**（Red Globe Press）を読まれることをお勧めしたい。

いずれにしても、我が国において今、自国通貨建ての国債で破綻することはない、デフレ下で貨幣供給量を下落させる消費増税は破壊的被害をもたらす、といったMMTが当たり前のように主張している諸議論は、今の日本経済を「救い出す」上で何よりも大切な「真実」だ。本書が一人でも多くの国民に読まれ、実際の経済政策に影響を与え、僅かなりともこの最悪の日本経済を救い出す契機とならんことを心から祈念したい。

本書出版にあたっては、晶文社の安藤聡氏には大変にお世話になった。また、本書の内容の検討にあたっては、京都大学レジリエンス実践ユニット主催の勉強会やシンポジウムでの岡本英男氏、青木泰樹氏、松尾匡氏、中野剛志氏、柴山桂太氏、島倉原氏、そして、ステファニー・ケルトン氏らをはじめとした多数の方々との議論を大いに参考にさせて頂いた。ここに記して深謝の意を表したい。

丸の内・京都大学東京オフィスにて

藤井聡

付録1　MMTにおける財政規律の数理的表現

（1）基本式

「貨幣循環量」はマクロ経済学では一般にGDPと呼ばれるが、このGDPは、次のように定義される。

$$GDP = CI（民間支出）+ G（政府支出）+ NX（純輸出） \quad (1)$$

まず、NXについて以下の関数を想定する。

$$NX = f_{NX}(r^*, G, NX^{\varepsilon}) \quad (2)$$

r^*：金融政策を表す変数

NX^{ε}：金融政策と財政政策G以外の要因。NXの潜在強度と呼称する。

民間支出CIについても、同様に以下の関数を想定する。

$$CI = f_{CI}(r^*, G, CI^{\varepsilon}) \quad (3-1)$$

CI^{ε}：金融政策と財政政策G以外の要因。CIの潜在強度と呼称する。

ここで、CIは、政府支出Gが拡大すれば、乗数効果を経て拡大する。したがって、

$$df_{CI}(r, dG, CI^{\varepsilon})/dG > 0 \quad (3-2)$$

ここで、物価CPIを想定すると、CPIは、GDPと供給能力Sと次のような関係がある。

$$CPI = f_{CP'I}(GDP, S) \quad (4-1)$$

where,

$$df_{CPI'}(GDP, S)/dGDP > 0 \quad (4-2)$$

$$df_{CPI'}(GDP, S)/dS < 0 \quad (4-3)$$

S：供給能力

つまり、物価 CPI は、GDP が拡大すれば上昇し、供給能力 S が拡大すれば下落する。

ここで、以上より、

$$GDP=G + f_{CI}(r^*, G, CI^{\varepsilon}) + f_{NX}(r^*, G, NX^{\varepsilon}) \quad (5)$$

となるが、この式に基づいて dGDP/dG を考えると、dGDP/dG ＞ 0 が成立することとなる。つまり、政府支出 G が拡大すると、GDP が拡大する（これについては、注 1 を参照されたい）。

したがって、（4 – 2）より、

$$dCPI/dG = df_{CPI'}(GDP, S)/dG > 0 \quad (6)$$

となる。つまり、政府支出 G が拡大すると、物価 CPI は上昇することとなる。

ここで、式（5）、（4 – 1）より、

$$CPI = f_{CPI'}(G + f_{CI}(r^*, G, CI^{\varepsilon}) + f_{NX}(r^*, G, \varepsilon_{NX}), S) \quad (7)$$

この式を、以下のように整理して記述する。

$$CPI = f_{CPI}(G, r^*, CI^{\varepsilon}, NX^{\varepsilon}, S) \quad (8)$$

つまり、物価 CPI は、政府支出 G と、金融政策 r*、さらには、CI、NX の潜在強度、そして供給能力 S に依存して変化する。ただし、式（6）、（4 – 3）より、政府支出 G が増えれば向上し、供給能力 S が増えれば低下するという傾向がある。

さてここで、物価 CPI と政府支出 G の両者の関係は式（5）に定義されていることから、式（8）の f_{CPI} の政府支出 G に関する逆関数 f_{CPI}^{TG} を想定する。そうすると、物価 CPI と r*、CI^{ε}、NX^{ε}、S が所与として与えられた場合の政府支出 G は、f_{CPI}^{TG} を用いると、

$$G = f_{CPI}{}^{TG}(CPI, r^*, CI^{\varepsilon}, NX^{\varepsilon}, S) \tag{9}$$

となる。

ここで、f_{CPI} と $f_{CPI}{}^{TG}$ は G と CPI についての逆関数であり、かつ、(6) より

$$dCPI/dG = d\, f_{CPI}(G, r^*, CI^{\varepsilon}, NX^{\varepsilon}, S)/dG > 0 \tag{10}$$

であるため、

$$dG/dCPI = d\, f_{CPI}{}^{TG}(CPI, r^*, CI^{\varepsilon}, NX^{\varepsilon}, S)/dCPI > 0 \tag{11}$$

となる。つまり、政府支出Gの水準は、r*, CIe, NX^{ε}, S の水準に関わらず、物価ＣＰＩを与えれば一意に決定され（かつ逆もまた真であり）、そして、物価 CPI が高ければ高いほど、政府支出 G は大きくなる。

さてここで、CI^{ε}、NX^{ε}、S のある年次 t における値が $CI^{\varepsilon t}$、$NX^{\varepsilon t}$、S^t である場合の、政府支出 G は、上記の関数 $f_{CPI}{}^{TG}$ を用いれば、

$$G = f_{CPI}{}^{TG}(CPI, r^*, CI^{\varepsilon t}, NX^{\varepsilon t}, S^t) \tag{12}$$

となる。つまり、ある年次 t において $CI^{\varepsilon t}$、$NX^{\varepsilon t}$、S^t という値が与えられ、その際の金利政策が r* である場合の政府支出量 G は、物価 CPI を与えれば規定される。つまり、政府支出量Gは、$CI^{\varepsilon t}$, $NX^{\varepsilon t}$, S^t, r* が所与の場合には、物価 CPI の「関数」となるのである。

さてこの時、t-1 時点における物価が CPI^{t-1} として、かつ、t-1 時点から t 時点にかけての物価上昇率

$$\Delta CPI^t = CPI^t/CPI^{t-1} \tag{13}$$

を想定すると、（時点 t において）物価上昇率 ΔCPI^t となる物価水準 $CPI^{t-1}(1+\Delta CPI^t)$ をもたらす政府支出 $G = f_{CPI}{}^{TG}(CPI^{t-1}(1+\ \Delta CPI^t), r^*, CI^{\varepsilon t}, NX^{\varepsilon t}, S^t)$ を以下のような関数で表現する。

$$f_{CPI}{}^{TGD}(\Delta CPI^{t} \mid CPI^{t-1}, r^{*}, CI^{\varepsilon t}, NX^{\varepsilon t}, S^{t})$$
$$= f_{CPI}{}^{TG}(CPI^{t-1}(1+ \Delta CPI^{t}), r^{*}, CI^{\varepsilon t}, NX^{\varepsilon t}, S^{t}) \quad (14)$$

これは、CPI^{t-1}、r^{*}、$CI^{\varepsilon t}$、$NX^{\varepsilon t}$、S^{t} が与件として与えられた場合に、物価上昇率 ΔCPI^{t} を実現させる政府支出 G を意味している。

ここで、政策的に想定される物価上昇率 ΔCPI^{t} の下限値、上限値をそれぞれ、

$$\Delta CPI^{lower}$$
$$\Delta CPI^{upper}$$

と定義する（実務的には例えばそれぞれ 2%と 4%、等）。両者の関係はもちろん、

$$\Delta CPI^{upper} > \Delta CPI^{lower} \quad (15)$$

さて、これら物価上昇率 ΔCPI^{upper}、ΔCPI^{lower} に対応する政府支出は、式（6）より、

$$f_{CPI}{}^{TGD}(\Delta CPI^{lower} \mid CPI^{t-1}, r^{*}, CI^{\varepsilon t}, NX^{\varepsilon t}, S^{t})$$
$$f_{CPI}{}^{TGD}(\Delta CPI^{upper} \mid CPI^{t-1}, r^{*}, CI^{\varepsilon t}, NX^{\varepsilon t}, S^{t})$$

ここで、式（11）（15）より、

$$f_{CPI}{}^{TGD}(\Delta CPI^{lower} \mid CPI^{t-1}, r^{*}, CI^{\varepsilon t}, NX^{\varepsilon t}, S^{t}) < G$$
$$< f_{CPI}{}^{TGD}(\Delta CPI^{upper} \mid CPI^{t-1}, r^{*}, CI^{\varepsilon t}, NX^{\varepsilon t}, S^{t}) \quad (16)$$

の範囲で、政府支出 G を調整すれば、インフレ率・物価上昇率を ΔCPI^{lower} と ΔCPI^{upper} の間に調整することが可能となる。

すなわち、経済停滞、あるいは、デフレの場合は、政府支出 G を、少なくとも、

$$f_{CPI}^{TGD}(\Delta CPI^{lower} \mid CPI^{t-1}, r^*, CI^{\varepsilon t}, NX^{\varepsilon t}, S^t)$$

以上とするなら、デフレ脱却を果たすことが可能となる。なお、その際は、金融政策 r^* としては可能な限り緩和的な運用が必要である。

一方、過剰インフレが危惧される場合は、政府支出 G を、少なくとも、

$$f_{CPI}^{TGD}(\Delta CPI^{upper} \mid CPI^{t-1}, r^*, CI^{\varepsilon t}, NX^{\varepsilon t}, S^t)$$

以下となるように、抑制的、緊縮的な対応を図る必要がある。またその際には、金融政策 r^* としては可能な限り「引き締め」を基調とした抑制的運用が必要である。なお、抑制的な運用として、あまりに金利を高く引き上げ過ぎると、政府からの利払い費が拡大し、景気が刺激されてしまう点にも配慮が必要である。

なお、$f_{CPI}^{TGD}(\Delta CPI^t \mid CPI^{t-1}, r^*, CI^{\varepsilon t}, NX^{\varepsilon t}, S^t)$ の関数の形については、便宜的には、次のように推計することができる。

まず、$CI^{\varepsilon t} = CI^t$、$NX^{\varepsilon t} = NX^t$、かつ、

$$G = a_1 \Delta CPI^t + a_2 CPI^{t-1} + a_3 r^{*t} + a_5 CI^{\varepsilon t} + a_6 NX^{\varepsilon t} + a_7 S^t + a_8 + \varepsilon \quad (17)$$

という回帰式を想定しつつ（なお、a_1 ～ a_8 はパラメータ、ε は誤差項である）、その上で各変数の差分を「Δ」で表記し、以下のような回帰式を想定する。

$$\Delta G = a_1 \Delta \Delta CPI^t + a_2 \Delta CPI^{t-1} + a_3 \Delta r^{*t} + a_5 \Delta CI^{\varepsilon t} + a_6 \Delta NX^{\varepsilon t} + a_7 \Delta S^t + a_8 + \varepsilon \quad (18)$$

そして、計量経済学データを用いて各パラメータを推計する。それができればあとは、財政政策の規模決定時点で入手可能な最新データを入手し、そのデータと、目標とする $\Delta CPI^{t\#}$ を設定した上で、それらをこの回帰式に導入することで、ΔG を推計することが可能となる。そして、前年度の政府支出 G に ΔG を足した予算を執行することを通して、$\Delta CPI^{t\#}$ を目指す。

注１：

GDPのG以外の構成要素の$f_{CI}(r^*, G, \varepsilon_{CI})$、$f_{NX}(r^*, G, \varepsilon_{NX})$のうち、$f_{CI}(r^*, G, \varepsilon_{CI})$については、式（3－2）より$f_{CI}(r^*, G, \varepsilon_{CI})/dG$は正である。

一方、$f_{NX}(r^*, G, \varepsilon_{NX})$についてはGによる微分値の符号は不定である。したがって、もしも、

$$G + f_{CI}(r^*, G, \varepsilon_{CI})/dG < - f_{NX}(r^*, G, \varepsilon_{NX})/dG \quad (A1)$$

である場合、すなわち、Gの変化によってもたらされるNXの変化値がマイナスであり、かつ、その絶対値が、Gの乗数効果を凌駕する場合に限りdGDP/dGはマイナスとなる。しかし、Gの変化量として、GDPの数パーセント程度を想定するような現実的なケースでは、Gの拡大量を凌駕するほどに金利や為替が激しく変化し、NXが大きく下落していくことが生ずるとは考え難い。ただし、Gの変化量として、GDPの何割や何倍といった超極端なケースを考えれば、(A1)が成立するケースが生ずる可能性はもちろん、完全に排除することはできないが、現実的に考えられ得る一般的な財政運用においては、ここでの考察においてはそうした極端なケースは考慮外としている。

なお、いわゆるマンデル・フレミングモデルに基づくと、いかなるGの変化においても、そのGの変化を相殺する金利・為替変化が生じ、ＧＤＰは変化しないという帰結が得られるが、そのモデルにおける「Gの拡大によって金利が上昇する」という想定が、現実から乖離していることは実証的にも、そして、ＭＭＴからも理論的に否定されていることは、本書本文で幾度か述べたとおりである。すなわち、現代の貨幣システムではGの拡大は金利を「下落」させる効果をもたらすのである。

付録 2　貨幣循環量と物価の関係

この貨幣循環量と物価の関係は、数理的には以下のように記述できる。

GDP ＝ PT

P：（代表的な）物価（円 / 個）
V：一年間における財・サービスの取引量（個 / 年）

なお、GDP の変化については、付録 1 においても詳しく考察を加えたが、それは定義上「貨幣循環量」を表す尺度である。すなわち、一年という期間において取引された貨幣の総量を意味するものである。

なお、この P をデフレータで表現すれば、T は実質 GDP ということになる。

著者について　藤井 聡　ふじい・さとし

1968年、奈良県生まれ。京都大学大学院工学研究科教授（都市社会工学専攻）。京都大学工学部卒、同大学院修了後、同大学助教授、東京工業大学助教授、教授、イエテボリ大学心理学科研究員等を経て、2009年より現職。また、11年より京都大学レジリエンス実践ユニット長、12年より18年まで安倍内閣・内閣官房参与（防災減災ニューディール担当）、18年よりカールスタッド大学客員教授、ならびに『表現者クライテリオン』編集長。文部科学大臣表彰、日本学術振興会賞等、受賞多数。専門は、公共政策に関わる実践的人文社会科学。著書に『プラグマティズムの作法』（技術評論社）、『社会的ジレンマの処方箋』（ナカニシヤ出版）、『大衆社会の処方箋』『国土学』（共に北樹出版）、『〈凡庸〉という悪魔』『国民所得を80万円増やす経済政策』（共に晶文社）、『プライマリー・バランス亡国論』（扶桑社）、『経済レジリエンス宣言』（編著、日本評論社）、『グローバリズムが世界を滅ぼす』（共著、文春新書）など多数。

MMTによる令和《れいわ》「新《しん》」経済論《けいざいろん》――現代貨幣理論の真実

2019年10月30日　初版
2021年 4月20日　4刷

著者　藤井 聡

発行者　株式会社晶文社
〒101-0051
東京都千代田区神田神保町1-11
電話　03-3518-4940（代表）・4942（編集）
URL http://www.shobunsha.co.jp

印刷・製本　ベクトル印刷株式会社

ISBN978-4-7949-7158-6 Printed in Japan